U0934672

粤港澳大湾区

融合发展规划研究

Research of Integrated Development Plan for Guangdong Hong Kong Macau Greater Bay Area

秦玉才　姜骁军　等著

ZHEJIANG UNIVERSITY PRESS
浙江大学出版社

图书在版编目(CIP)数据

粤港澳大湾区融合发展规划研究 / 秦玉才等著.
—杭州：浙江大学出版社，2018.9
ISBN 978-7-308-18335-2

Ⅰ.①粤… Ⅱ.①秦… Ⅲ.①城市群—区域经济
发展—研究报告—广东、香港、澳门 Ⅳ.①F127.6

中国版本图书馆 CIP 数据核字（2018）第 130519 号

粤港澳大湾区融合发展规划研究
秦玉才 姜骁军 等著

责任编辑 包灵灵
责任校对 杨利军 牟杨茜
封面设计 杭州中大图文设计有限公司
出版发行 浙江大学出版社
（杭州市天目山路 148 号 邮政编码 310007）
（网址：http://www.zjupress.com）
排 版 杭州中大图文设计有限公司
印 刷 绍兴市越生彩印有限公司
开 本 710mm×1000mm 1/16
印 张 15
字 数 208 千
版 印 次 2018 年 9 月第 1 版 2018 年 9 月第 1 次印刷
书 号 ISBN 978-7-308-18335-2
定 价 50.00 元

课题组成员

组　　长：秦玉才　国家发展和改革委员会西部司原司长、国家发展和改革委员会国际合作中心一带一路研究院院长

常务副组长：王　儒　国家发展和改革委员会国际合作中心一带一路研究院书记、副院长

副 组 长：杨　益　香港中联办经济部副部长

陈　星　澳门中联办经济部副部长

李　青　广东国际战略研究院秘书长

专家组成员：陆大道　中国科学院院士

孙九林　中国科学院院士

（以下按姓氏笔画排序）

王国良　原太平洋保险集团董事长

方　林　香港富通保险集团董事长

丘健明　深圳发展和改革委员会副主任

吕晓宁　国信香港原总裁

李　其　北京大学光华管理学院副院长

张占海　国家海洋局战略规划与合作司司长

陈　昊　中国保华集团总裁

范勇宏　原华夏基金总裁

林家礼　香港数码港主席法学博士

胡长生　中国中投证券总裁

梁仕荣　伟确投资集团董事局主席

曾泽瑶　澳门经济学会副理事长、特区政府政策研究室顾问

课题起草组成员：

（以下按姓氏笔画排序）

丁玉龙　深圳保监局调研统计处处长

马吉恩　浙江大学中国西部院副教授

尤　飞　中国农业科学院研究员

石广义　中国科学院地理所高级工程师

田　青　国家发展和改革委员会国际合作中心研究员、国家发展和改革委员会国际合作中心一带一路研究院副院长

朱西湖　浙江大学中国西部院博士

刘　岩　国家海洋局海洋战略研究所研究员

李　宇　中国科学院地理所研究室副主任

李　言　西安邮电大学助理研究员

李　鹏　国家发展和改革委员会国际合作中心一带一路研究院科员

李泽红　中国科学院地理所副研究员

张元芳　西安邮电大学助理研究员

耿竹峰　深圳市发展和改革委员会区域经济处副处长

郭建峰　西安邮电大学计算金融与风险管理研究中心主任

董雪兵　浙江大学中国西部院常务副院长、“一带一路”战略研究中心执行主任

董锁成　中国科学院地理所研究员、区域生态经济研究与规划中心主任

课题起草分工

（一）世界著名湾区发展经验模式分析研究（李言）

（二）粤港澳大湾区发展趋势判断（李言）

（三）粤港澳大湾区融合发展的基础（李言）

（四）粤港澳大湾区融合发展的重要作用和意义（李言）

（五）粤港澳大湾区融合发展总体思路（田青）

（六）粤港澳大湾区空间布局（董锁成）

（七）粤港澳大湾区融合发展的重点领域（董锁成）

创新驱动发展研究（李泽红）

金融创新发展研究（郭建峰、张元芳）

交通航运发展研究（董雪兵）

深化投资贸易交流合作研究（丁玉龙）

加强粤港澳产业布局研究（李宇）

海洋经济合作开发研究（刘岩）

推进农业现代化研究（尤飞）

协同推进生态文明建设研究（石广义）

深化社会事业合作研究（马吉恩）

增强大湾区环境支撑功能研究（丁玉龙）

（八）融入“一带一路”建设研究（董雪兵）

（九）粤港澳融合发展重要路径研究（李泽红）

（十）区域协同发展研究（董锁成）

（十一）创新和完善合作机制研究（郭建峰、张元芳）

（十二）政策措施研究（郭建峰）

前　言

一、任务来源

《国务院关于深化泛珠三角区域合作的指导意见》(国发〔2016〕18号)和国家发展和改革委员会(简称国家发展改革委)、外交部、商务部联合发布的《推动共建丝绸之路经济带和21世纪海上丝绸之路的愿景与行动》等文件,明确提出“打造粤港澳大湾区”,“构建以粤港澳大湾区为龙头,以珠江—西江经济带为腹地,带动中南、西南地区发展,辐射东南亚、南亚的重要经济支撑带”。这是党中央又一重大决策,对实现“两个百年”奋斗目标具有重大意义。为推进粤港澳大湾区(以下简称为大湾区)建设,国务院推进“一带一路”领导小组办公室委托国家发展和改革委员会国际合作中心一带一路研究院承担“粤港澳大湾区融合发展规划研究”课题,研究如何在充分发挥广东、香港、澳门各自优势的基础上,依托粤港澳大湾区地处西太平洋—印度洋航线要冲,拥有世界级海港群、机场群和“一国两制”有利条件,促进粤港澳大湾区融合发展。

二、设立课题的背景及重大意义

启动粤港澳大湾区融合发展规划研究,从国际看,是在国际秩序和国际体系进入深度调整关键时期,世界经济增长格局出现此消彼长新的变化,国际投资贸易领域出现竞争加剧新的趋势,全球能源版图出现重心转移新的调整,“一带一路”沿线国家大多处于转型发展的关键阶段的国际背景下进行的;从国内看,是在我国改革发展进入关键时期,是在全面建成小康社会进入决胜阶段，贯彻落实党中央治国理政新理念、新思想、新战略，统筹推进"五位一体"总体布局和协调推进"四个全面"战略布局的大背景下进行的；是在落实习近平总书记对广东提出的"四个坚持、三个支撑、两个走在前列"新的战略定位，扎实推进"一带一路"建设，建设世界级城市群的新形势下进行的。适应新形势新任务新要求，启动粤港澳大湾区融合发展规划研究，推动内地与港澳更紧密合作，必将推动粤港澳融合向更高层次、更深领域、更广范围发展，对于推进"一带一路"建设，打造陆海统筹、东西互济的全方位对外开放新格局，对于统筹东中西协调联动发展，提高全方位开放合作水平，促进香港、澳门长期繁荣稳定，优化全国区域发展格局，是一次重要实践。

按照中央要求，用10年左右的时间，"一带一路"建设实现重点突破、实质推进。"面向欧亚大市场的高标准自由贸易区网络初步形成，更大范围、更宽领域、更深层次的区域经济一体化深入推进"，"海上战略支点建设取得突破性进展"，"向西开放、海洋强国建设迈上一个大台阶"。实现中央的目标要求，一要继续发挥珠三角等沿海地区龙头的引领作用，实行更加积极主动的开发战略，同世界深度互动、向世界深度开放，全面提升开放型经济水平。二要在经济新常态下，特别是在"十三五"规划时期和今后更长一段时期，区域发展格局上有新突破，促进粤港澳大湾区融合发展，带动全国实现新的开放，形成东中西联动发展局面。三要打造区域新的增长极，缔造中国新的历史起点领跑人，释放更强经济社会发展新活力。

粤港澳大湾区融合发展对实现"两个一百年"奋斗目标，具有特别重大的意义。

第一，促进粤港澳大湾区融合发展，有助于形成区域经济增长新引擎，为国民经济增长注入新动力。在过去的30多年中，长三角、珠三角和京津冀是带动中国高速发展的三大增长极。在未来，保持经济中高速增长，仍然需要发挥这些增长极的带动作用。综合分析长三角、珠三角和京津冀地区，珠三角发展仍处于可以大有作为的机遇期，具有独特的区位优势和综合经济要素融合优势，经济实力极强、极具活力等优势，完全有条件建成世界一流湾区，在引领中国经济社会发展上发挥越来越重要的作用。这也是优化区域发展格局的主要目的之一，即打造更高层次的区域发展新引擎。

第二，促进粤港澳大湾区融合发展，有助于优化资源空间配置，提高国民经济运行效率。我国经过30多年的快速发展，创造了经济奇迹，但同时也面临两大约束，一个是资源约束，另一个是环境约束。特别是珠三角也率先遇到了空间资源约束问题，土地供需矛盾突出，给经济可持续发展带来新的挑战。当前，是坚持"五大发展"理念，加快转变经济发展方式的关键时期，进一步创新资源利用方式，挖掘资源潜力，优化空间资源配置，保障经济发展的空间需求，是深化改革，创新驱动的内在要求；是加快产业转型升级，构建现代产业体系的迫切需要；是增强经济发展后劲，加快建设世界级城市圈的必然选择。打造粤港澳大湾区，培育一批具有国际竞争力的创新型企业和产业集群，让各类发展资源在空间上的配置更加合理。

第三，促进粤港澳大湾区融合发展，有助于实施海洋强国战略、经略南海，建设海上丝绸之路战略基地。推进"一带一路"建设，"一带"主要着眼于加快向西开放，打破以美国为首的围堵；"一路"主要着眼于建设海上战略支点，建设海洋强国。"21世纪海上丝绸之路"也主要为两条线路，分别为从我国沿海港口过南海，经马六甲海峡到印度洋，延伸至欧洲；从我国沿海港口过南海，经印尼抵达南太平洋。这样的一种考虑，也契合了习近平总书记提出的"畅通从波罗的海到太平洋、从中亚到印度洋和波斯湾的交通运输走廊"和"共同建设21世纪'海上丝绸之路'"的倡议精神。粤港澳大湾区，背靠大陆面向南海，地处海上丝绸之路战略要冲，是建设"21世纪海上丝绸之路"的桥头堡。大湾区在建设海上丝绸之路中将发挥决定兴衰成败的关键作用。南海连接太平洋与印度洋，是众多国际航运线必经之地。特别是东南亚扼守两大洋、连接三大洲，既是我国走出去的必经之地和对外贸易的重要通道，也是美国及其盟友对我国海上围堵的重点区域。南海的战略地位十分重要，是我国的咽喉和海上生命通道。要在中央统一部署下，建设海上丝绸之路和实施南海战略的战略基地。

第四，促进粤港澳大湾区融合发展，有助于推动粤港澳融合发展，促进港澳长期稳定繁荣。在“一国两制”框架下，以共建粤港澳大湾区为理念，创新区域发展新机制，促进粤港澳紧密合作，丰富“一国两制”的伟大实践。

总之，打造粤港澳大湾区，共建“一带一路”，促进粤港澳融合发展，统筹内外发展，优化区域发展格局，为我国参与国际分工、分享全球化“红利”开辟更广阔的空间，引领全国扩大对外开放，创造中国新型的经济发展之路。将粤港澳打造成为下一届政府新的亮点、中国未来经济社会发展新的重点区域、又一个新的国家战略。

三、项目研究总体要求和基本原则的把握

2017 年 8 月 12 日，课题组在北京召开了“粤港澳大湾区融合发展规划研究”（简称“规划研究”）课题启动会，讨论了“规划研究”课题大纲、课题起草组分工方案和各阶段时间安排，课题专家组陆大道、孙九林、李其、范勇宏、吕晓宁、方林、陈昊等出席了会议，各位专家和课题组成员对课题研究的必要性、前瞻性、可行性和规划研究大纲提出了重要意见。

根据专家组意见，我们对规划研究大纲进行了修改完善。课题组认为，“十三五”时期是全面建成小康社会的决胜阶段，是粤港澳大湾区大有作为的战略机遇期，粤港澳大湾区站在一个新的发展起点上，进入一个新的发展阶段。科学做好“规划研究”，对继续抓住和用好战略机遇期、经济转型升级期，保持经济平稳较快发展，继续当好领头羊、火车头，具有十分的重要意义。研究编制一个具有前瞻性、战略性、可操作

性的“规划”，课题组认为要把握好以下几点：

一是关于“规划研究”的范围。规划范围覆盖广东全域，还包括香港、澳门。之所以这样考虑，主要是粤东、粤西、粤北经济社会发展上与珠三角存在较大的落差，区域发展很不均衡。近年来，区域差距呈不断缩窄的趋势，但广东各市地区发展差异系数仍居高不下，不协调问题十分突出。地区发展不平衡，既是广东发展必须破解的难题，也是广东加快发展的潜力所在。促进城乡区域协调发展是广东最重要、最艰巨的任务之一。要加强对粤东西北地区的扶持，促进粤东西北地区的振兴发展，这不仅关系到粤东西北地区自身的发展，也是珠三角地区加快经济转型升级、推进一体化，乃至全国发展的迫切需要。要发挥珠三角引擎带动作用，实现粤东西北跨越发展，培育粤东西北区域增长点。

二是关于“规划研究”的总体要求。总的考虑是，要认真深入贯彻落实党的十八大，十八届三中全会、四中全会、五中全会精神和习近平总书记系列重要讲话精神，按照“五位一体”总体布局和“四个全面”战略布局，坚持“五大发展”理念，突出发展、突出融合，统筹海陆资源，扩大开放合作，强化创新驱动，加快海上丝绸之路战略基地和桥头堡建设，打造更高层次的区域发展新引擎。

三是关于“规划研究”的基本原则。落实好国家发展改革委、外交部、商务部联合发布的《推动共建丝绸之路经济带和21世纪海上丝绸之路的愿景与行动》(以下简称为《愿景与行动》)和《国务院关于深化泛珠三角区域合作的指导意见》(国发〔2016〕18号)。《愿景与行动》提出了“一带一路”建设的指导思想、战略目标和重点任务，特别提出打造粤港澳大湾区战略任务。18号文件明确提出“充分发挥广州、深圳在管理创新、科技进步、产业升级、绿色发展等方面的辐射带动和示范作用，携手港澳共同打造粤港澳大湾区，建设世界级城市群”。为“规划研究”指明了方向，需要我们在“规划研究”工作中，进一步深化一些重大问题、重大工程、重大项目、重大措施的研究。

四是与党的十九大提出的奋斗目标、与“一带一路”中期目标和未来发展目标相衔接。“规划”目标的确定既要着眼于“十三五”期间的发展，又要综合考虑未来发展的趋势和条件。粤港澳大湾区未来的目标，必须要与“一带一路”的中远期目标，与我们党确定的“两个一百年”奋斗总目标相衔接，“规划”要紧紧围绕实现这个总目标来制定。

五是体现“五大发展理念”的要求。“五大发展理念”既是“十三五”时期鲜明的时代特征，也是贯穿“规划研究”的思想主线。无论是在规划研究整体指标体系设计上，还是在具体任务研究建议上，都要围绕创新发展、协调发展、绿色发展、开放发展、共享发展来展开，体现时代发展的新要求。

四、研究方法和创新之处

(一)研究方法

以党的十八大、十九大精神和习近平新时代中国特色社会主义思想为指导，统筹推进“五位一体”总体布局，协调推进“四个全面”战略布局，全力推进全面建成小康社会进程，不断把实现“两个一百年”奋斗目标推向前进。坚持“五大发展理念”这一条思想主线，统领经济社会发展全局，把“五大发展理念”的内涵和要求全面贯彻到发展目标、发展重点、政策措施和重大工程等各方面。突出融合、突出区域一体化，全面准确贯彻落实“一国两制”、“港人治港”、“澳人治澳”、高度自治的方针，发挥港澳独特优势，合作发展，互利共赢。综合考虑今后 5—10 年粤港澳大湾区所处的发展阶段、发展趋势、发展条件以及面临的矛盾与挑战，与习近平总书记提出的“三个定位、两个率先”“四个坚持、三个支撑、两个走在前列”要求相衔接，指标体系还要体现大湾区协调发展、协同发展、共同发展的本质要求。

“规划研究”采取实地调研、科学定量分析相结合，本文研究与现实问题研究相结合的方法，主要研究分析国际著名湾区发展历程、发展基础、显著特征和基本经验。湾区经济对全球具有重要影响的经济形态，包括:湾区经济的基本内涵、基本特征、发展演变;国际一流湾区如何引领全球产业调整升级、主导全球要素配置、带动全球创新发展等。分析研究粤港澳大湾区发展趋势判断,粤港澳区域经济发展面临的新形势,粤港澳大湾区的合作现状,机遇与挑战,粤港澳大湾区融合发展的基础,明确了编制粤港澳大湾区融合发展规划的必要性。并在此基础上从总体思路、空间布局、重点领域、融合发展路径和政策建议等方面提出相应建议,为粤港澳大湾区未来发展提供了借鉴,是一项开创性的实际工作。

(二)创新之处

以全新的视角,分析了粤港澳大湾区的独特优势,在"规划"中充分体现党的十九大会议精神和习近平总书记提出的"三个定位、两个率先"和"四个坚持、三个支撑、两个走在前列"总体目标要求;体现"五大发展理念"这一思想主线;体现"一带一路"建设规划和未来发展目标要求;体现深化广东、深圳和港澳融合发展的要求;体现促进区域协调发展的战略要求,在融合发展、区域一体化上下功夫,携手打造世界一流的大湾区,建设世界级城市群,引领全国实现新一轮改革开放,探索中国新型经济发展之路的又一个新的国家战略。

粤港澳大湾区融合发展规划研究启动会

目录

第一章　世界著名湾区基本情况及发展经验 /003
第一节　湾区及湾区经济的基本内涵 /003
第二节　世界名著湾区基本情况 /004
第三节　世界主要湾区对比分析 /009
第四节　世界著名湾区主要特征 /018
第五节　世界湾区经济的发展演变 /023
第六节　世界著名湾区经验与启示 /025

第二章　粤港澳大湾区现状、发展优势及重大意义 /030
第一节　基本情况 /030
第二节　发展优势 /031
第三节　未来大湾区面临的宏观环境变化前瞻 /040
第四节　重大挑战 /043
第五节　战略机遇 /045

第三章　粤港澳大湾区融合发展总体思路 /049
第一节　粤港澳大湾区融合发展规划基本考虑 /050
第二节　策略原则 /052
第三节　战略定位 /053
第四节　战略目标 /055
第五节　战略路径 /056

第四章　粤港澳大湾区空间格局思考 /085
第一节　城市空间布局优化面临新挑战 /085
第二节　优化湾区城市空间布局举措 /088
第三节　建设分工合理的城市群体产业体系 /093
第四节　改善城市生态环境 /095
第五节　促进区域协同发展 /098

第五章　粤港澳大湾区空间布局 /100
第一节　空间结构 /100
第二节　城镇体系 /105
第三节　乡村振兴 /107

第六章　粤港澳大湾区融合发展的重点领域 /111
第一节　强化创新驱动 /111
第二节　金融创新发展 /117
第三节　加强基础设施互联互通 /126
第四节　深化投资贸易交流合作 /135
第五节　优化粤港澳产业布局 /142
第六节　大力发展海洋经济 /149
第七节　大力推进农业现代化 /158

第八节 协同推进生态文明建设 /162
第九节 深化社会事业领域合作研究 /168
第十节 增强粤港澳大湾区环境支撑功能研究 /175

第七章 促进粤港澳深度融合发展 /180
第一节 粤港澳大湾区融合发展重要性 /180
第二节 粤港澳大湾区高度融合发展路径 /189
第三节 加强重点领域融合合作 /193
第四节 创新融合发展机制 /195

第八章 促进区域创新驱动发展 /197
第一节 加快粤东西北振兴发展 /197
第二节 带动泛珠三角地区加快发展 /200
第三节 带动“一带一路”沿线国家发展 /202

第九章 政策和重大项目建议 /204
第一节 建设大广海湾国家级新区 /204
第二节 建设国际金融创新中心 /210
第三节 推进粤港澳教育互动发展 /212
第四节 打造岭南文化合作平台 /214
第五节 打造多港联动的国际航运中心 /215
第六节 打造区域性国际航空枢纽 /218
第七节 建设国际物流大通道 /219
第八节 尽快解决珠江口两岸交通瓶颈 /220
第九节 打造世界性开放平台 /221
第十节 建立中央政府主导下协商机制 /222

参考文献 /223

湾区经济是指依托世界级港口群，发挥地理和生态环境优势，背靠广阔腹地，沿海湾开放创新，集聚发展，具有世界影响力的区域经济形态。总结世界著名湾区的基本特征、发展历程、基础条件和成功经验，对比梳理粤港澳大湾区经济形态、基础条件、战略作用等发展要素，充分发挥广东、香港、澳门独特优势，依托粤港澳大湾区地处西太平洋—印度洋航线要冲的地理优势、拥有世界级港口群、机场群、陆路交通枢纽的基础设施优势和“一国两制”的政治优势，携手打造世界一流的粤港澳大湾区，建设世界级城市群，促进粤港澳大湾区融合发展，引领全国实现新一轮改革开放，探索中国新型经济发展之路的又一个新的国家战略。

第一章　世界著名湾区基本情况及发展经验

第一节　湾区及湾区经济的基本内涵

湾区是一种自然状态，指由一个海湾或多个相连海湾、港湾、邻近岛屿共同组成的区域。湾区或是滨海大都市成为城市化的城市主体空间，由众多海港和城镇所构成的港口群和城镇群，同时也是海岸带的重要组成部分，蕴含着丰富的海洋、生物、环境资源，具有独特的生态、人文和经济价值。湾区所衍生出的经济效应称之为湾区经济。湾区经济是以海港为依托、以湾区自然地理条件为基础发展形成的一种区域经济形态。世界顶级城市群大多集中在湾区，全球60%的经济总量集中在入海口，世界上75%的大城市、70%的工业资本和人口集中在距海岸100千米以内的海岸带地区。随着经济全球化不断推进，经济活动和城市人口逐步向沿海地区聚集，形成了若干个以湾区为核心的经济集群。纽约、东京、旧金山等湾区，依托世界级海港群、空港群，抓住国家发展和转型的机遇发展成为具有国际影响力的世界一流湾区，成为城市化与工业化的象征与重要载体。

湾区经济是由若干海湾、海港共同形成的区域经济形态，湾区经济因港而生，依海而兴。世界一流湾区具有开放的经济结构、现代综合交通运输网络、高效的资源配置能力、强大的集聚外溢功能、发达的国际交往系统和世界一流城市的显著特征，相比内陆经济和三角洲经济具有更强的开放性、创新性、区域协同性，宜居宜业，在新的区域竞争合作格局中具有独特的价值和优势。作为连接国内外市场的前沿门户，湾区通常是新技术、新产业、新商业模式的策源地，是国际经济文化交流的前沿，是全球创新发展要素集聚的核心。湾区内部产业发展深度融合，发展要素高效便捷流动，集聚辐射能力强大，引领着区域经济结构的调整和优化升级，成为区域发展的重要增长极，在世界范围区域经济竞争格局中具有重要的引领优势。国际湾区现状分布图如图 1-1 所示。

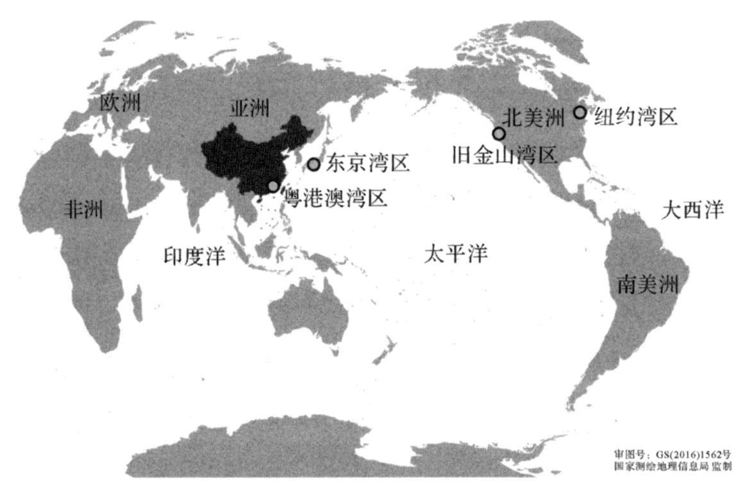

图 1-1　国际湾区现状分布图

在世界经济版图中，纽约湾区、东京湾区、旧金山湾区等三大湾区已成为世界范围重要的经济中心，是湾区经济形态的最佳代表。

第二节　世界著名湾区基本情况

一、纽约湾区

纽约湾区亦称纽约大都会区，地处美国东北部、大西洋西岸，与欧洲大陆隔海相望。湾区围绕着哈德逊湾，以纽约市为中心，包括纽约州、新泽西州、康涅狄格州以及宾夕法尼亚州的35个县，主要有纽约、泽西、纽瓦克等大城市。该地区总面积为3.35万平方千米(海湾面积约3100平方千米)，2015年人口约2370万人，国内生产总值(GDP)约1.52万亿美元。纽约湾区(见图1-2)是世界金融中心、国际航运中心和美国的经济中心，城市化水平达到90%以上，制造业产值占全美的30%以上，成为国际湾区之首。形成以金融保险、装备制造业、房地产业、科技服务业、医疗保健业、批发零售业为主的现代服务业产业体系，且分布高科技制造和专业服务等产业集群，美国的500强企业，三分之一的总部集聚于此。纽约是美国第一大港口城市和全球金融中心、国际贸易中心。拥有纽约证券交易所和纳斯达克证券交易所，金融服务业占湾区GDP的比重为15.4%。湾区内共有58所大学，包括耶鲁大学和普林斯顿大学等世界著名大学。著名旅游景点有中央公园、自由女神像等。湾区高度开放经济体系荟萃了世界多民族文化，形成不同于一般内陆地区、开放包容的湾区特有文化，并进一步促进湾区城市的开放，反哺城市的创新发展。在纽约湾区，外籍居民来自全世界150多个国家和地区，约占纽约总人口的40%，形成了世界不同文化、不同文明相互融合发展和人才集聚。

图1-2 纽约湾区——世界级金融和贸易中心

二、东京湾区

东京湾区亦称东京都市圈，位于日本本州岛关东平原南端，太平洋西岸，包括东京都、神奈川县、千叶县和埼玉县。东京湾沿岸形成又横滨港、东京港、千叶港、川崎港、木更津港、横须贺港等港口群。该地区总面积 9760 万平方千米，总人口约 4300 万，GDP 约 2.48 万亿美元。该区形成了京滨、京叶两大工业地带，地区经济总量占日本 GDP 的 30%，工业产值占 40%。东京湾区（见图 1-3）是日本最大的工业城市群，是亚太金融中心、制造业基地和航运中心和信息中心，精密机床、电子产品、钢铁、石油化工、现代物流、装备制造和高新技术等产业十分发达，形成了以东京（见图 1-4）为核心的首都城市圈。

图 1-3　东京湾区——世界制造中心、金融和贸易中心

图 1-4　日本东京

三、旧金山湾区

旧金山湾区简称湾区(Bay Area),位于美国西部沿海,地处加利福尼亚州(加州)北部、太平洋东岸,包括加州的 12 个县,主要城市有旧金山、奥克兰、圣荷西、圣塔克拉拉等。湾区可以分成 5 个区域,依次是北湾、东湾、南湾、旧金山和半岛。北湾包括索诺马县、纳帕县、索拉诺县、马林县,是美国比较富有的行政区。东湾包括康曲科士达县和阿拉米达县。南湾是圣塔克拉拉县,位于旧金山湾南端,分布斯坦福大学、加利福尼亚大学伯克利校区、加利福尼亚大学戴维斯校区和加利福尼亚大学旧金山校区等,以及航空航天局艾姆斯研究中心、农业部西部地区研究中心、斯坦福直线加速器中心、能源部劳伦斯·利弗莫尔国家实验室和能源部劳伦斯·伯克利国家实验室等。旧金山湾区包括旧金山市与县,当地经常简称为“市区(The City)”。旧金山与它的邻居在北方、东方和西方被水隔开,在南方则以行政区线分开。旧金山是旧金山湾区长久以来的文化、财经和都市中心，也是湾区的主要人口聚集地。半岛介于旧金山和南湾的地区是旧金山半岛，当地常简称为“半岛(The Peninsula)”。这地区由数个中小型城市、近郊社区和圣塔克拉拉县西北部分所组成，也包含太平洋岸边的数个城镇。半岛内商业资源丰富。美国500强企业中，总部设在旧金山湾区的有28个，如惠普、英特尔、IBM、思科、甲骨文科技等世界闻名的企业；半岛内科技资源富集，以硅谷为中心，聚集了包括计算机、信息技术、电子产品、通信、多媒体、生物科技、环境技术等高技术企业。

旧金山湾区总面积1.79万平方千米(海湾面积900平方千米)，2015年总人口715万，GDP总量6500亿美元。该地区(见图1-5)以高科技为主，是全球性的科技产业创新中心，美国人均收入最高的地区之一。湾区拥有4所世界级研究型大学、36所多层次高校、5个国家级实验室和众多世界500强企业研发机构，集聚惠普、谷歌、英特尔、IBM、思科、苹果、甲骨文科技等在内的世界顶级科技企业集群，誉称“世界硅谷”。湾区金融与科技高度融合，吸纳美国40%以上的风险资本，80%以上的风险投资基金，形成了风险投资的银行保障体系。

图1-5 旧金山湾区——全球创新中心

第三节　世界主要湾区对比分析

对全球湾区经济发展水平进行综合评价，对纽约湾、旧金山湾、东京湾和粤港澳湾区进行比较，粤港澳湾区与纽约湾、旧金山湾、东京湾仍有较大差距，粤港澳加快融合发展，打造世界一流湾区仍然任重道远。

一、经济总量

从表 1-1 可以看出，纽约湾区、旧金山湾区和东京湾区是当今最具代表性的世界一流湾区，在世界经济发展中发挥了重要引擎作用。

（一）引领全球产业调整升级

纽约湾区率先抓住全球贸易大发展的机遇，成为世界级金融和贸易中心；东京湾区率先抓住全球制造业升级变革的机遇，成为世界制造中心，继而成为金融和贸易中心；旧金山湾区率先抓住全球高科技迅猛发展的机遇，成为全球创新中心。湾区内部产业深度融合，金融、物流、仓储、会展、商业等服务功能高度发达，拥有极具活力的产业集群，引领全球经济结构优化升级。

（二）主导全球要素配置

纽约等一流湾区拥有完善的市场体系和灵活的市场机制，交易市场品种齐全，交易机制高度市场化。纽约是全球最重要的金融信息枢纽之一，引导和影响全球范围内的生产要素配置。湾区跨国公司总部密集，拥有一批世界 500 强全球总部，其中东京湾区 44 家、纽约湾区 23 家、旧金山湾区 14 家，这些跨国公司庞大的全球生产和营销网络对全球资源的配置生产重大影响。

（三）带动全球创新发展

纽约湾区拥有哥伦比亚大学等若干世界一流的大学，集聚了众多的世界级科研机构和跨国公司研发中心。旧金山湾区是世界级科技创新中心，拥有英特尔、雅虎、谷歌等一大批引领全球产业技术创新的高科技公司，东京湾区是世界重要的创新发源地之一，在机械、汽车、电子产品等领域科技创新水平全球领先。

表 1-1　世界主要湾区对比分析表

湾区		GDP（亿美元）	面积（平方千米）	城市群	航运中心地位	金融中心地位	创新中心地位
纽约湾区		15200	33484	跨纽约州、新泽西州和康涅狄格州，含31个县	国际航运中心	全球第一大国际金融中心	全球金融创新中心
旧金山湾区		6500	17955	包括9个县101个城市，主要城市有旧金山、圣何塞和奥克兰	美国西海岸航运中心	美国西海岸金融中心	全球科技创新中心
东京湾区		24800	9760	包括东京、横滨、川崎、船桥、千叶等5个大城市	亚太地区航运枢纽	全球第四大国际金融中心	亚太制造业创新中心
粤港澳湾区	深圳	2822	1992	深圳	区域航运中心	区域金融中心	国家创新型城市
	深港	5700	3095	深圳、香港	亚太地区航运枢纽	全球第三大国际金融中心	
	环珠江口区域	13000	42865	香港、澳门和珠江三角洲9市	亚太地区航运枢纽	全球重要金融中心	
	粤港澳大湾区	15000	180863	香港、澳门和广东全境	亚太地区航运中心	全球重要金融中心	东南亚创新中心

注：表中数据根据2015年统计资料整理。

世界湾区经济发展历程表明，依托现代化的国际海运、航空及高速路网和强大的集疏运体系，世界一流湾区充分发挥了高效的资源配置和辐射带动作用，突破了行政壁垒和体制束缚，推动了一国一域经济发展的转型升级，在国家战略格局具有举足轻重的地位。

二、金融与科技创新实力

国际湾区的金融与科技创新实力全球领先。纽约湾区和东京湾区都是世界上最重要的国际金融中心。其中纽约湾区是全球规模最大、最为发达的金融中心，拥有全球市值最大的纽约交易所和全球市值第三的纳斯达克交易所，金融服务业占湾区 GDP 比重高达 15.39%，全球规模排名前 100 的银行有 90%以上在纽约设有分支机构。东京湾区是世界上重要的国际金融中心之一，是日本最主要的银行集中地，也是世界上三大证券交易中心之一，拥有日本最大的东京证券交易所，占日本全国证券交易量的 80%。旧金山湾区则是以风险投资著称的专业性科技金融中心，科技银行业务尤为发达。2015 年世界主要湾区 GDP 对比见图 1-6。2015 年国际湾区中心城市金融中心排名见表 1-2。

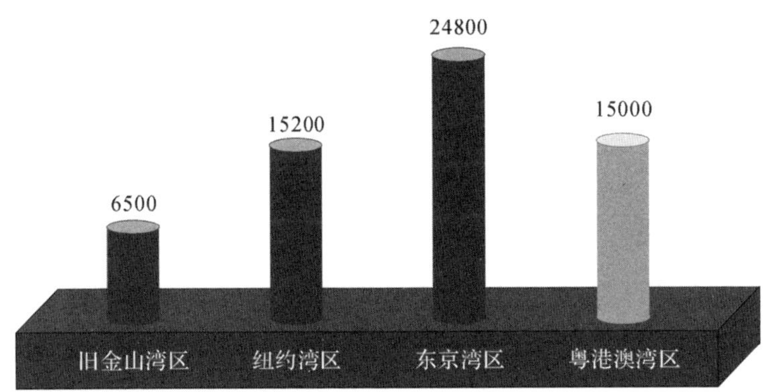

（单位：亿美元）

图 1-6　2015 年世界主要湾区 GDP 对比

表 1-2　2015 年国际湾区中心城市金融中心排名

城市	排名	分数	2014 年排名	分数	变化
纽约	1	785	1	786	0
东京	5	722	6	722	1
旧金山	8	708	10	711	2

资料来源：GFCI－Global Financial Centres Index. http://www.longfinance.net/image/GFCI17_23March2015.

旧金山湾区是引领全球科技创新的核心力量，集中了美国 40%以上的风险投资，湾区内的硅谷则是全球电脑和互联网企业的集聚区，涌现了谷歌、苹果、英特尔、惠普等一批知名企业，专利授权数量占全美国所有专利数量的 15.2%。东京湾区是世界重要的创新发源地，创新企业主要集中在机械、汽车、电子产品，其中以日本三菱重工公司、日本丰田汽车公司、日本索尼公司和日本佳能公司为代表。纽约湾区是美国仅次于旧金山湾区的科技创新中心。从专利数量及其占全国的比重来看，纽约湾区的科技创新实力在美国都处于非常领先的地位，是美国强大科技创新力的重要组成部分。

三、港口运输

纽约湾区是世界上最大的航运交通区域之一，集聚了三个世界重要港口。旧金山湾区是美国西海湾的交通枢纽，是连接美国和亚洲地区的重要节点，其中旧金山港是美国太平洋沿岸第二大港，奥克兰港是太平洋沿岸第一大港，是世界上最大的两个经济体——中国和美国——货物贸易海上集装箱运输的重要港口。东京湾区是日本最大的交通枢纽，主要的港口包括东京港口、横滨港口和川崎港口。2001—2013 年国际湾区集装箱吞吐量见表 1-3。粤港澳海洋经济总规模 1.23 万亿元，连续 20 年位居全国首位。亚洲各港口吞吐量对比图如图 1-7 所示。

表 1-3 2001—2012 年国际湾区集装箱吞吐量

年份	纽约湾区/万 TEU	旧金山湾区/万 TEU	东京湾区/万 TEU
2001	195	168	505
2002	220	173	538
2003	238	194	581
2004	262	208	594
2005	280	227	630
2006	299	239	690
2007	310	239	714
2008	307	223	764
2009	265	—	654
2010	308	—	748
2011	320	—	763
2012	321	—	729

注:1.东京湾区统计了排在湾区前两位的东京港口和横滨港口的数量;2.纽约湾区统计了纽约/新泽西港口集装箱吞吐量。

资料来源:东京都统计局、纽约—新泽西港务管理局(Port Authority of New York & New Jersey)。

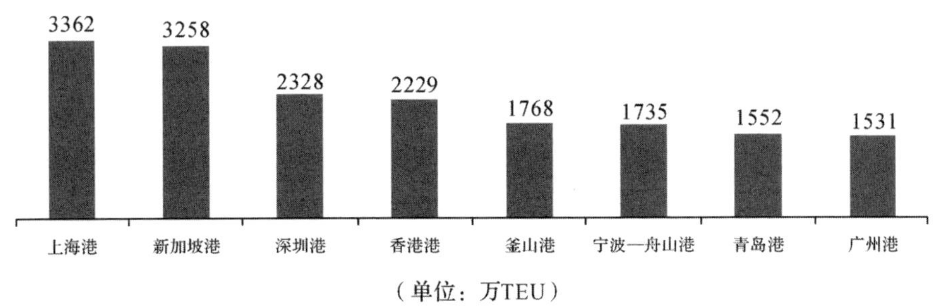

图 1-7 2013 年亚洲各港口吞吐量对比

四、产业结构

纽约湾区、旧金山湾区和东京湾区依次通过产业转移和产业结构升级，已经走完了以制造业为主要增长动力的工业发展阶段，产业结构日趋成熟。如表1-4所示，经济发展以房地产业、金融保险业、高科技产业和批发零售业等产业为主要驱动力。三大湾区第三产业高度发达，金融保险业规模较大。由表1-5可知，2010—2013年，国际湾区第三产业增加值比重均在80%以上，纽约湾区最高，2013年约为89.39%；纽约湾区和东京湾区金融保险业规模均在千亿美元以上，2012年，纽约湾区金融保险业增加值达到2090亿美元。

表1-4　三大湾区的主要产业

湾区	主要产业
纽约湾区	房地产业、金融保险业、专业和科技服务业、医疗保健业、批发零售业
旧金山湾区	房地产业、专业和科技服务业、制造业、金融保险业、批发零售业、信息产业和医疗保健业
东京湾区	服务业、批发零售业、不动产业、制造业、金融保险业和通信传媒业

资料来源：U. S. Bureau of Labor Statistics、US Department of Commerce、ABAG (association of Bay area)、BAY area census、日本内阁府。

表1-5　2010—2013年三大湾区产业结构比较

湾区		2010年	2011年	2012年	2013年
纽约湾区	三产增加值比例(%)	0.70∶1.11∶88.18	0.68∶10.80∶88.52	0.65∶10∶89.35	0.63∶98∶89.39
	金融保险产业增加值(亿美元)	1964	2005	2090	—
东京湾区	三产增加值比例(%)	0.30∶17.84∶81.88	0.29∶17.54∶82.17	0.27∶17.46∶82.27	0.26∶17.4∶82.34
	金融保险产业增加值(亿美元)	1319.9	—	—	—

续 表

湾区		2010年	2011年	2012年	2013年
旧金山湾区	三产增加值比例(%)	0.32∶17.05∶82.63	0.30∶17∶82.7	0.28∶16.95∶82.77	0.25∶16.91∶82.84
	金融保险产业增加值(亿美元)	422.58	445.12	518.08	—

五、经济集聚

三大湾区经济集聚能力在全球举足轻重。纽约湾区GDP占美国经济总量的8.36%,共有世界500强企业21家,以银行保险业为主,利润总额1000亿美元,资产总额达到87415亿美元;旧金山湾区GDP占美国经济总量的3.43%,共有世界500强企业8家,以通信设备、计算机和电子元件等行业为主,利润总额618亿美元,资产总额达到6284亿美元;东京湾区的GDP占日本经济总量的1/3,共有世界500强企业58家,以电子电气设备、银行保险、车辆与零部件以及化工行业为主,利润总额1041亿美元,资产总额达到137774亿美元。表1-6比较了2013年三大湾区人均GDP、人口密度及地均GDP数值。

表1-6 2013年三大湾区人均GDP、人口密度及地均GDP比较

湾区	人均GDP(美元)	人口密度(人/平方千米)	地均GDP(亿美元/平方千米)
纽约湾区	69576	927	0.41
东京湾区	67196	2647	2.46
旧金山湾区	85245	398	0.34

资料来源:U. S. Bureau of Labor Statistics、US Department of Commerce、ABAG (association of Bay area)、BAY area census、日本内阁府。

六、科技教育

教育水平和科技创新对经济发展具有重要的影响。根据《泰晤士高等教育》发布的“2012—2013 年世界大学 100 强排行榜”显示，世界大学 100 强有 2 所位于纽约湾区，3 所位于旧金山湾区，1 所位于东京湾区。东京湾区集聚东京大学、东京工业大学、电气通讯大学、中央大学等近百所大学。东京湾区的大学、研究生院占到日本全国比重的 1/4。东京湾区是世界重要的创新发源地，科技创新主要出自于企业。创新企业主要集中在机械、汽车、电子产品，其中以日本三菱重工公司、日本丰田汽车公司、日本索尼公司和日本佳能公司为代表。2012 全球创新力企业百强，其中东京湾区有 20 家企业上榜，由此可见湾区科技创新实力在全球的巨大影响力。国际湾区集聚了众多高水平的研究机构，为湾区科技创新提供持续的动力。其中除了高水平的研究型大学，还包括高技术公司、国家级实验室和研究中心等研究机构。纽约有 300 多所高等院校，学生人数占全美的 10%左右。纽约有高技术公司 13000 家，雇佣高技术人才 32.8 万人。据美国电子协会评估，纽约的高技术企业数量在全美列第 2 位；在拥有高技术领域雇员和吸引风险投资方面，纽约均居全美第 3 位。旧金山湾区集聚了众多世界一流的研究性大学，其中不仅仅有像加州大学这样的公共教育机构，还有以普林斯顿大学、斯坦福大学（见图 1-8）为代表的优秀民办高校。根据 2014 年世界大学学术研究能力排名，旧金山湾区有 5 所大学排名前 100 名，其中加州大学在湾区的 4 个分校全部进入前 100 名，普林斯顿大学则排名世界第 2 位，排在湾区所有大学的第 1 位。除了高水平的科研型大学，旧金山湾区拥有完备的科研研究机构，它们包括国家级实验室和研究中心、合作研究设施、公司设在湾区的实验室、独立的实验室和研究机构。

七、多元文化

湾区经济兴盛得益于率先接轨世界经济，港口城市作为对外开放的门户，最先吸纳外商直接投资，引进国外先进技术和生产方式。同时，吸纳大量外来人口，成为世界不同民族文化荟萃的窗口，形成了开放包容的移民文化。纽约外籍居民来自全世界 150 多个国家和地区，约占总人口

图 1-8　美国斯坦福大学

的 40%,形成了世界不同文明相互融合的集合体。旧金山湾区近 1/3 的人口出生于海外,生活在旧金山湾区的各种族中,52.5%是白种人,6.7%是非洲裔美国人,0.7%是美国土著人,23.3%是亚洲裔美国人,0.6%是太平洋岛民,还有 10.8%来自其他种族,以及 5.4%的人口来自两个以上的种族。多样化的种族结构为旧金山湾区带来了不同的民族文化。各文化的交流融合,创造了旧金山湾区包容的创新文化。开放多元的文化,促进了优秀人才集聚,为湾区创新发展提供了充足的人力资本。国际湾区集聚了大量的大学生、科学家和工程师等研究人才。这些优秀人才不仅来自于当地学校的培养,外来优秀移民也占到很大的比例。

八、城市环境

宜居宜业的城市环境是湾区经济崛起的决定性因素之一。优良的自然生态环境是湾区的天赋优势,气候条件优越,温度湿度适宜,物产丰富,植被茂盛,甚至对污染的自然净化能力也强于内陆地区。国际湾区皆以自然风景优美、人居环境优良著称。港口城市作为新兴城市,城市规划设计具有后发优势,注重吸收各地之长,突出以人为本,依山临海的城市规划创造了更加优美宜人的环境(见图 1-9)。

图 1-9　美国旧金山

第四节　世界著名湾区主要特征

湾区经济是以沿海大都市城市群为主体，发挥沿海湾区优越地理区位优势，是国际竞争力和创新能力代表、全球创新发展要素集聚中心、国际经济文化交流的窗口，也是推动国际经济发展和科学技术变革的先锋。

一、湾区经济显著特征

（一）经济总量大

纽约湾区、东京湾区和旧金山湾区平均面积约 2 万平方千米，总人口约 2000 万人，港口年吞吐量约为 1000 万 TEU，GDP 产出约 15000 亿至 25000 亿美元。三大湾区作为对外开放的门户，成为连接本国市场与国际市场的重要枢纽，具有强大的吸附效应，吸引全球资源向湾区集聚，形成世界级城市群和国际航运中心、金融中心，是全球范围内高聚集、超产出、强带动的发达地区（见图 1-10）。

图 1-10 美国纽约

(二)科技创新强

科技创新驱动成为湾区持续发展的强大引擎,创新要素集聚,催生出众多创新机构。纽约湾区率先抓住全球贸易大发展的机遇,成为世界金融和贸易中心。东京湾区率先抓住全球制造业优化升级的机遇,成为世界制造中心,继而成为金融和贸易中心。旧金山湾区率先抓住全球高科技迅猛发展的机遇,成为全球创新中心。硅谷位于美国加利福尼亚州北部、旧金山湾区南部,是高科技事业云集的美国加州圣塔克拉拉谷(Santa Clara Valley)的别称(见图 1-11)。创新成为湾区经济发展的不竭动力,在不同发展阶段引领全球产业发展方向。表 1-7 显示了 2012 年全球创新力企业百强在三大湾区的分布情况。

(三)大城市带动

湾区以若干个大城市核心,大城市的龙头作用及大都市区交通走廊,是发展湾区经济的基础和关键。在纽约湾区中,纽约市人口总量和 GDP 分别占 85%和 89%;在东京湾区中,东京都市圈人口总量和 GDP 分别占 37%和 57%;在旧金山湾区中,旧金山市和圣何塞市占据了人口总数和 GDP 的 82%和 88%。促进人口向沿海区域集聚,沿海城市向大都市集聚，以大都市为核心的区域发展模式是湾区经济发展的必要条件。宜居宜业的城市环境成为全球的投资热土和创业天堂。

图 1-11　美国旧金山硅谷

表 1-7　2012 年全球创新力企业百强在三大湾区的分布

湾区	企业数量/家	企业名称
东京湾区	20	日本富士胶卷公司、日本富士通公司、日本兄弟工业株式会社、日本理光公司、日本佳能公司、日本发那科株式会社(FANUC)、日本奥林巴斯、日本日立公司、日本本田汽车公司、日本捷特科株式会社(JATCO)、日本三菱电机公司、日本三菱重工公司、日本信越化学工业株式会社、日本索尼公司、日本 TDK 公司、日本东芝公司、日本 NEC 公司、日本丰田汽车公司、日本新日铁和住友金属、日本电话电报公司(NTT)
旧金山湾区	8	美国超微公司、美国阿尔特拉公司、美国苹果公司、美国谷歌公司、美国英特尔公司、美国美满公司、美国闪迪公司、美国赛灵思公司
纽约湾区	1	美国亚美亚公司

(四)产业群支撑

湾区依托得天独厚的区位优势，随着经济全球化深入推进，湾区强大的集聚功能形成了若干产业集群，产业集聚促进了生产要素高效流动和人才高度集聚，培育了世界领先的现代产业体系和金融服务业聚集区（见图 1-12），具有巨大的竞争力和产品升级换代能力，抢先占领国际市场。

图 1-12　美国纽约华尔街

（五）交通网完备

功能完善、互联互通的一体化交通综合运输体系是湾区建设的坚实基础。大城市核心及大都市区沿高效交通走廊发展，依托发达的港口、机场、铁路、公路、管道和通信等基础设施和多式联运物流中心、信息枢纽等配套基础设施，构成大都市带空间结构骨架（见图 1-13）。湾区核心城市成为全球重要交通枢纽、物流中心和信息中心，为湾区经济发展提供了强大的支撑能力，产生了强烈的放大效应。

（六）协同与合作

大都市区、中心城市与周边地区之间协同发展，区域协调和合理的产业分工体系是湾区发展的关键，广大的陆路经济腹地为湾区经济提供了发展的空间、广阔的市场和丰富的资源，同时也促进了陆路经济腹

图 1-13 城市交通

地要素自由流动、资源高效配置和市场深度融合,提升了发展内生动力。湾区核心城市对腹地形成极大的辐射带动作用,促进了腹地经济与湾区经济分工协作、错位发展、紧密依存、共同发展,增强了湾区的综合竞争力与影响力。

二、大城市群的基本特征

(一)多核心

若干个人口密度高的大城市群,核心与其周边地区之间,以铁路、高速公路等高效交通系统连接,大城市区内部、中小城市与周边地区之间交互作用,形成紧密的社会经济联系。

(二)开放性

湾区经济靠港而生、依湾而盛,具有天然的地理开放属性。开放性也成为湾区经济发展的先决条件和内在优势。历史上在航海技术的发展推动下,海运逐步成为对外输出中最主要的交通运输方式之一,推动港口地区成为连接本国市场和国际市场的重要节点。湾区经济依赖国际港口发展而蓬勃,在不断扩大的对外贸易中,港口城市逐渐成为对外开放门户,促进了国际贸易,吸引了外来投资,提升了自身发展。

(三)创新性

湾区城市在对外交流中，率先汇集新信息和新资源，激发创新活力，催生创新思维，锻造创新成果，湾区城市逐步成为有全球影响力的创新中心。同时，创新又增强城市发展动力，使城市在不同阶段均保持领先地位。在工业4.0时代，湾区城市率先发展高新技术产业，推动信息服务业的涌现和新型商业模式的崛起，依靠创新引导全球产业发展。

(四)宜居性

湾区经济崛起的前导性因素之一，就是湾区城市具备宜居宜业的环境优势。港口城市往往是新兴城市，城市规划中更加突出以人为本的居住理念，形成优美宜居的城市环境。优美的环境对人才具有强大的吸引力。人才又是湾区经济发展壮大的先决性因素。

(五)国际化

任何一个大湾区在自身的发展定位中必然离不开国际化，湾区也是极具现代化、国际化特征的城市形态。国际化的概念可以引领湾区内核心城市建设，不仅使自身受益，还会对周边产生巨大的外溢影响，并通过加快区域核心点的建设，以点辐射并带动面，产生集聚效应，进一步提升整个湾区的建设发展水平。

第五节　世界湾区经济的发展演变

纵观世界发达湾区经济发展，大致经历了港口经济、工业经济、服务经济、创新经济四个发展阶段。

一、港口经济发展阶段

受当时经济社会和生产力发展水平限制，初期的港口经济相对单一，主要是连接各种运输方式，进行货物中转运输。经济活动仅包括直接服务于港口转运的装卸、仓储、运输以及提供设备和船舶修理等，范围也局限于码头及相关水陆域内，对城市经济发展的推动作用并不显著。

二、工业经济发展阶段

随着大量的人流、物流等在港口周边区域集聚，湾区城市依靠临港优势和丰富的港口资源，加快发展临港产业，初步形成了钢铁工业、石油炼化、化学制品、机械制造等重化工业集群，港口经济活动范围也逐步向港区外拓展。例如，第二次世界大战后，东京湾区集聚了汽车、化工、电子等临港工业，成为全球重要的先进制造业基地。

三、服务经济发展阶段

受益于港口腹地经济的快速发展，湾区城市跻身区域或世界级航运枢纽，日益增长的资金及物流需求，给港口物流、货运代理、保税仓储、金融保险等中介服务带来了重大发展机遇，以物流、金融、保险等为主要内容的服务业开始集聚发展，从而推动湾区经济由临港产业向服务业转变，成为区域或全球资源配置的重要节点。东京湾区由此成为当时重要的国际金融中心。

四、创新经济发展阶段

依托国际一流的大学、研究机构和优美宜居的湾区生态环境，湾区城市抓住互联网等新兴产业发展的历史机遇，大力发展先进科技生产力，在协调推进城市经济、社会、文化、生态发展的同时，为各国提供了大量高新技术和高科技产品，成为推动全球科技进步的动力源。旧金山湾区新兴产业发展迅猛，电子、通信、软件、互联网和多媒体产业纷纷兴起，以苹果公司为代表的一批企业迅速崛起，旧金山湾区逐步成为全球创新中心。纽约湾区在金融、文化时尚、媒体、出版业等方面都占据全球产业价值链最高端，并已成为全球金融创新中心，几乎所有的金融衍生品均源自纽约湾区金融机构。

国际湾区经济规模和实力位居地区乃至世界前列，经济集聚能力在全球举足轻重，具有最先进的产业体系和以金融服务业、高科技产业为主的高端产业特色。国际湾区 GDP 规模、总人口、陆地面积总量在全球举足轻重；国际湾区的金融与科技创新实力全球领先，纽约湾区和东京湾区都是世界上重要的国际金融中心，旧金山湾区科技创新实力全球领先；国际湾区均是全球主要的交通枢纽，纽约湾区是世界上最大的航运交通区域之一，旧金山湾区是美国西海湾的交通枢纽，东京湾区是日本最大的交通枢纽；世界一流湾区是全球经济集约发展效益最为突出的区域。三大湾区人口密度之大在全球屈指可数，地均 GDP、人均 GDP 也位于全球前列。

第六节　世界著名湾区经验与启示

一、法律法规制度先行与规划引导相结合

东京湾具有环太平洋的区位优势，区位优势有效发挥，首要问题是规划整治，强调政府的宏观调控作用，科学引导与干预国土资源开发利用和规划整治。日本国会先后出台制定了《首都圈整备法》《首都圈市街地开发区域整备法》《首都圈建成区限制工业等的相关法律》《多极分散型国土形成促进法》等多部法律法规，规范土地开发利用，防治掠夺式开发，优化了东京湾经济带的产业空间布局。国际湾区通过构建完善的商业运行规则和法律法规制度体系，营造了一流的营商环境。东京政府为加强与企业的交流互信，1946 年政府牵头，组建了关西经济联合会，主要为区域内企业和经济的发展提供相关服务。在组织结构中，下设 23 个委员会，由关西地区约 850 家核心公司和团体组织组成，不但能够及时反映企业的真实需求，而且能够提高政府制定政策的准确性和工作效率，为企业与政府搭建沟通桥梁，对湾区经济的发展起到了至关重要的作用。1921 年，纽约和新泽西州成立港务局，不仅仅是对基础设施进行投资建设，还在设施的改革方面起了关键作用，并对其长期发

展进行资本支持。港务局在许多关键的基础设施建设上起到难以替代的作用。旧金山湾区建立了旧金山湾区委员会以及综合性区域规划机构和政府委员会。一方面，湾区内部各区域大量商业领袖本身作为会员直接参与，应对其公司各项问题，采取有所兼顾的综合性行动，在一定范围内避免了无序竞争与过度竞争。另一方面，在该地区有影响力的商界和民间领袖之间，建立有价值的关系网，及时将商业供给与公民诉求汇集一处，为区域经济发展找准前进方向。

二、地缘区位优势与特色产业得到发挥

世界著名湾区发展历程表明，湾区建设既要遵循其一般规律，又要突出自身特色和优势。如美国的纽约湾区和旧金山湾区。世界三大知名湾区之所以最具国际影响力，主要是因为大多数湾区工业发展不足，在其工业化关键时期不能形成有影响力的产业集聚；一些湾区虽然有一定的工业化，但产业转型与产业创新发展未能实现。世界著名湾区成功的因素之一是因地制宜，突出自身发展特色。最典型的例子就是位于旧金山湾区南部的硅谷，硅谷集聚了众多世界一流大学，并拥有思科、英特尔、惠普、苹果等一大批引领全球产业技术创新的高科技公司，成为世界科技创新的发源地之一，带动全球创新发展。从国际一流湾区经济发展来看，湾区拥有得天独厚的地缘优势，交通发达，运输成本较低，使湾区具有产业发展的先发优势。在三大湾区发展的早期，湾区作为地区交流枢纽，能首先接触并引进先进技术和生产方式，率先实现工业化发展阶段。湾区发展到工业化成熟阶段后，湾区经济发展转型为由创新引领高科技发展。结合内生经济增长理论可知，人力资本、研发投入和风险资本与产业分散倾向成反比，即这三个要素是地区产业集聚的重要作用力，是推动区域经济发展的关键因素。各港口群密切的产业分工协作是东京湾区经济带发展的重要特征。东京湾沿岸形成由东京港、千叶港、川崎港、横滨港、横须贺港、木更津港、船桥港共 7 个港口整合为首尾相连港口群，年吞吐量超过 5 亿吨，职能分工体系鲜

明。在港口群带动下，形成了京滨、京叶两大工业带，钢铁、石油、化工、现代物流、装备制造和高新技术等产业十分发达。产业集中和人口集聚，促进了以东京为核心的首都城市圈发展，使之成为日本的国际金融中心、交通中心和商贸中心。各港口群虽然保持各自独立经营，但在对外竞争中则形成一个整体，各港口都有自身的特殊职能，都有占优势的产业部门，而且彼此间又紧紧相连，各种生产要素在湾区内自由流动，促使人口和经济活动更大规模地集聚，从而提升东京湾区港口群的整体竞争力。这一构想的实施，很好地解决了东京湾区内的港口竞争问题，将各港口的内部竞争转换为整体合力，从而减少港口间内耗。

三、科技创新与要素集聚相互促进

世界著名湾区在对外开放中不断吸收先进的文化理念，形成了有利于科技创新的生态环境，催生出众多科技创新机构，涌现出大批科技创新成果，逐步发展成为具有国际影响力的世界创新中心。同时科技创新促进了产业发展，在纽约湾区、东京湾区、旧金山湾区集聚了一大批现代化企业，引领世界产业发展新潮流。要素集聚是国际一流湾区得以成功的主要原因，其中极为重要的两大要素是科技创新资源和金融创新资源。结合中心外围模型和内生增长理论，可以解释科技创新要素集聚和金融要素集聚对湾区经济发展的推动作用。其中特大城市的形成和发展，工业发展的先发优势、运输成本和规模报酬是影响城市经济发展的主要因素。世界一流湾区在其内生增长路径中形成了各自特征鲜明的创新要素集聚，如纽约湾区以创新金融集聚著称，东京湾区则是“制造科技＋金融中心”，旧金山湾区是全球创新科技策源地和创投风投集聚中心。湾区工业化在发展过程中能率先接触并引进先进生产技术，拥有工业化的先发优势；同时交通便利、运输成本低，能促进湾区集聚经济发展。工业化发展到成熟阶段后，规模报酬成为湾区产业集聚发展的决定性因素。内生增长理论的分析表明：创新是实现规模报酬从而递增使国际湾区得以持续发展的主要动力。

四、交通网络与公共基础设施配套建设

发达的交通网络设施是东京湾区经济带快速发展的重要支撑。交通网络的发展对湾区的产业空间演化具有重大影响。一方面促进湾区空间拓展并改变着湾区拓展形态，对湾区空间发展具有指向性作用；另一方面规划湾区经济带的区域条件和作用范围，产生新型的交通区位优势，进而改变原有湾区经济带的产业空间结构。目前，东京都市圈是全球城市交通基础设施建设最为发达的地区之一。城市地下轨道交通线和各类过境轨道交通线，构成了东京城市轨道交通网，为东京湾区经济带的空间拓展打下坚实基础；再一方面各港口群密切的产业分工协作是湾区经济带发展的重要特征。如日本的东京湾港口群，日本把港口群发展项目提高到国家和地区的发展战略高度加以规划和实施，并将东京港、千叶港、川崎港、横滨港、横须贺港、木更津港、船桥港共 7 个港口整合为一个职能不同、分工明确的有机群体。千叶港为原料输入港，横滨港专攻对外贸易领域，东京港主营内贸，川崎港为企业输送原材料和制成品。各港口群虽然保持各自独立经营，但在对外竞争中则形成一个整体，各港口都有自身的特殊职能，都有占优势的产业部门，而且彼此间又紧紧相连，各种生产要素在湾区内自由流动，促使人口和经济活动更大规模地集聚，从而提升东京湾区港口群的整体竞争力。

五、大都市带动与内陆腹地协同发展

世界著名湾区发展历程表明，湾区经济必须以世界级城市群为龙头，引领中小城市形成区域经济增长极。以东京都市圈为例，东京大都市圈带动周边城市形成东京湾区经济带，形成一种高度开放、高聚集、高能级的经济形态，辐射带动腹地经济发展，形成相互促进、优势互补、相辅相成的产业协作体系和区域协同发展支撑。如东京湾在发展演变的过程中，资源聚集外溢是东京湾区形成产业优势分布的重要抓手。东京实施“工业分散”战略后，机械电器等工业逐渐从东京中心地区迁

移至横滨市、川崎市等城市，进而形成和发展为京滨、京叶两大产业聚集带和聚集区。并通过资源整合和效益溢出等方式，为东京内部的服务性行业和出版印刷业等高附加值、高成长性的产业提供有力支撑。东京都产业布局逐渐转变为以对外贸易、金融服务、精密机械、高新技术等提供高端服务的产业为主。这种“工业分散”战略既解决了东京大都市的过度膨胀及地区内恶性竞争问题，又促进了外围地区工业的错位发展。

第二章　粤港澳大湾区现状、发展优势及重大意义

第一节　基本情况

改革开放特别是党的十八大以来，在党中央和国务院的正确领导下，按照党中央和国务院统一部署，粤港澳充分发挥大湾区优势，积极探索、主动作为、开拓创新，全力推动大湾区发展，全力开创经济社会发展新局面。

粤港澳积极应对国际金融危机持续影响等一系列重大风险挑战，适应经济发展新常态，不断深化改革创新，推动形成了经济结构优化、发展动力转换、发展方式转变加快的良好态势。经济实力不断提高，经济增速多年保持8%以上，经济总量连续27年保持全国第一。产业结构不断优化，形成了以战略性新兴产业为先导、先进制造业和现代服务业为主体的现代产业体系。开放型经济水平稳步提升，推动设立中国(广东)自由贸易试验区，探索建立与国际接轨的投资贸易规则体系，积极参与“一带一路”建设，区域城乡发展协调性增强，实施粤东西北地区振兴发展战略，区域经济一体化发展格局基本形成。基础设施建设实现大跨越，高速公路通车总里程跃居全国首位，高快速铁路运营里程居全国前列。沿海港口群、机场群初步形成。公共服务体系基本建立、实现全覆盖，新增就业持续增加，人民生活水平和质量加快提高。广大干部开拓创新意识显著增强，人民群众精神风貌昂扬向上。香港、澳门发

挥独特优势，巩固了香港国际金融、航运、贸易中心和澳门世界旅游休闲度假中心地位。粤港澳大湾区站在一个新的发展起点上，进入了一个新的发展阶段。

第二节　发展优势

一、粤港澳大湾区经济总量大

2015 年，粤港澳大湾区 GDP 增加到 1.5 万亿美元，占全球经济总量的比重为 1.8%，是旧金山湾区的 2 倍，与纽约湾区接近。进出口贸易总额超过 1.5 万亿美元，是东京湾区的 3 倍以上。粤港澳大湾区拥有世界最大的海港群、空港群和信息港群，在世界主要湾区中的地位不断提升。

如图 2-1 所示，2015 年珠三角主要城市中已有 4 个城市人均 GDP 突破 100 万元。

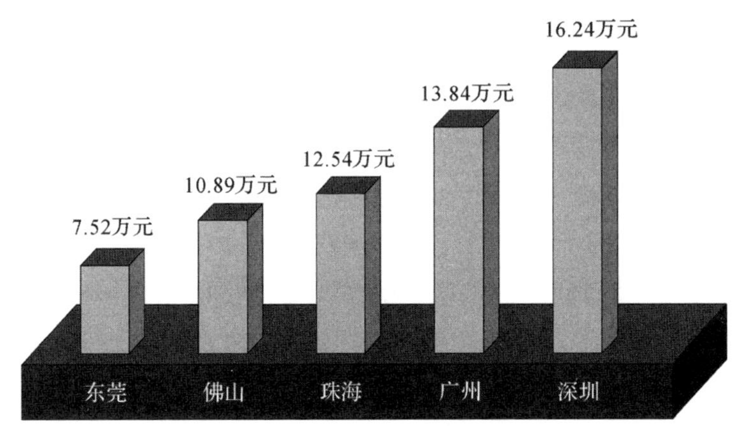

图 2-1　2015 年珠三角主要城市人均 GDP 对比

粤港澳大湾区拥有广佛东莞、深港澳两大龙头，约占粤港澳大湾区人口的 63%、经济总量的 82%。香港和深圳证券市场总市值之和达 5.06 万亿美元，股票交易量达 4.77 万亿美元，超过了东京；地区 GDP 集中度

(即占全国GDP的比重)也达到12.5%,超过纽约和旧金山;拥有10家世界500强企业和18家全球市值500强企业,与其他三大湾区基本处于同一水平线;港口年吞吐量达6100万TEU,高于其他三大湾区总和的一倍以上。粤港澳大湾区经济规模庞大,行业、产业体系完备,创新驱动能力突出,区域之间大量的人流和其他商业要素的紧密互动,产生了巨大的经济体量和市场需求。图2-2反映了广州的城市建设水平。

图2-2 广州

二、粤港澳大湾区产业体系发达

粤港澳大湾区现代产业体系完备,是全球重要的制造业基地(见图2-3),被誉为"世界工厂",已经形成以战略新兴产业、先进制造业、现代服务业为主体的产业体系,工业化和信息化融合度提高,产业逐步迈向中高端水平,新产业、新业态不断成长,是"海上丝绸之路"沿线国家工业制成品的重要供应地。粤港澳大湾区已形成具有国际竞争力的现代产业体系,如战略性新兴产业,新一代信息技术、生物技术、高端装备制造、新材料、文化创意等新兴产业发展壮大,经济发展新动力不断增强。制造业核心竞争力增强，制造业转型升级和优化发展不断推进。通过创新驱动和城市转型发展，粤港澳大湾区有望建造成中国的硅谷和全国性区域经济增长极，“互联网＋”、人工智能、云计算等“未来产业”将蓬勃发展，规模有望达到万亿元级别。粤港澳大湾区具备了高端先进制造业的深厚基础，应全面深化粤港澳地区开放合作，加快服务贸易自由化，增强大湾区金融、贸易、产业等资源配置能力，同时加强粤港澳科技、教育、人才资源合作，推进科技、产业、金融跨境跨界融合，促进海上丝绸之路国际科技合作，打造大湾区国际总部基地，使之成为具有全球影响力的先进制造中心、国际科技创新中心和国际经济中心。

图 2-3 深圳制造业

以广东省为例，2016 年共有高新技术企业 19857 家，规模居全国第一，全省区域创新能力综合排名连续 7 年位居全国第二，技术自给率达 70％，有效发明专利量和 PCT 国际专利申请量保持全国第一。其中，PCT 国际专利申请量占全国的 56％。另外，粤港澳地区拥有 1 个国家级自主创新示范区、3 个国家创新型城市、超过 200 所普通高校和 200 万在校大学生，拥有 30 名中国科学院院士、工程院院士，12 个国家重点实验室，以及华为、比亚迪、腾讯等一大批全球知名的创新型企业。

三、粤港澳大湾区服务业完善

粤港澳大湾区拥有香港、深圳等重要金融中心城市，有70多家世界排名前100位的银行，港交所、深交所IPO总数和交易总额均居全球前列。香港作为发达经济体，服务业种类多、水平高，是重要的国际金融、航运和贸易中心，拥有全球最大的离岸人民币市场。在会计、法律、咨询、旅游、基建工程与建设等领域提供的全方位服务享有世界声誉。

广州是华南的政治、文化教育、商贸服务中心和交通枢纽；深圳的科技创新能力名列前茅，又是区域金融中心；香港是国际金融、贸易和航运中心和自由港，法律制度和营销商务环境与国际接轨，不乏拥有大批熟悉国际经贸规则的人才；澳门是世界旅游休闲中心和中葡经贸合作的平台，可以成为内地“走出去”的重要窗口；将香港的专业服务和国际化的营商环境的优势与珠三角的人才、产业和科技相配合，形成体制和生产要素的协同组合。国际投资者可以在香港进行企业注册，依靠珠三角地区的科技实力和人力资源进行经济活动。依托香港、澳门的专业服务和珠三角的制造业，内地的企业可以通过港澳为平台走出去，与粤港澳联手到“一带一路”国家建设产业园区，带动泛珠三角地区，包括中国—东盟自由贸易区的发展。

四、粤港澳大湾区科技创新力强

粤港澳大湾区拥有2所世界百强大学和众多一流研发机构，有华为、腾讯、比亚迪（见图2-4）等一批知名科技创新企业，PCT国际专利申请量占全国的56%，在国家排名中居全球第六位，涌现出一大批创新成果，科技创新技术、创新产业、创新业态蓬勃发展。粤港澳大湾区已基本形成国际科技创新引领性策源地、科技体制改革先行试验区、高新技术产业集聚区、“一带一路”创新合作重要枢纽、战略科技人才集聚地和战略科技力量重要承载地。例如，以深圳为代表的创新型城市瞄准有质量的稳定增长和可持续的全面发展，为粤港澳大湾区的发展起到了很好的示范引领和辐射带动作用。目前深圳已超前布局梯次型现代产业体系,已开始着力布局生命健康、海洋经济、航空航天、智能装备、机器人、可穿戴设备等未来产业,战略性新兴产业总规模达 2.3 万亿元以上,已成为国内战略性新兴产业规模最大、集聚性最强的城市。

图 2-4　深圳知名科技创新企业标志

五、粤港澳大湾区区位优越

粤港澳大湾区面向太平洋,靠近东南亚,是海上丝绸之路的桥头堡和出海大通道,拥有世界海港群、机场群和信息港群,香港、深圳、广州三大港口年集装箱吞吐量均居世界前 8 位,综合交通运输网络健全,是连接海陆、合纵联横的交通枢纽。电力、天然气等能源通道保证能力强,水利基础设施完备,基础设施支撑能力坚实。粤港澳大湾区拥有三面环陆的内湾和直面大海的外湾,适于建设港口,湾区海岸线长、腹地广,有利于在较小空间孕育多个港口城市,依托的腹地珠三角地区是中国经济增长的重要引擎,是中国改革开放的发源地,也是创新发展的示范区。大湾区通过西江甚至可以直达广西、云贵乃至大西南,辐射力度空前。广东省港口与国外港口结为友好港口 51 对,共开通国际集装箱班轮航线 286 条,粤港澳大湾区主要涉及环大亚湾、环珠江口湾、大广海湾、汕头、湛江等湾区,深圳、珠海、惠州、江门、汕头、湛江、台山、阳江、惠州等沿海城市直面海洋,有较长的海岸线, 由若干大城市群体组成 。

陆运方面,粤港澳大湾区是广东乃至全国高速路网最密的地区,以"九纵五横两环"为主骨架,以加密线和联络线为补充,形成以粤港澳大湾区为核心,以沿海为扇面,以沿海港口(城市)为龙头向山区和内陆省区辐射的路网。港珠澳大桥主体桥梁工程全线贯通，有利于香港、珠海、澳门形成"一小时都市圈"，实现大珠三角发展3.0时代。

海运方面，湾区拥有深圳港(见图2-5)、香港港、广州港3个全球十大集装箱港口，且在大亚湾、大广海湾沿岸也有众多优质深水港，为湾区航运带来了极大的便利，国际航线基本覆盖全球大部分国家。

图2-5　深圳港口

铁路和空港方面，黎湛、京广、京九、沿海等横穿东西、纵贯南北的铁路大通道，为湾区发展提供了便利的铁运条件。粤港澳大湾区拥有全国三大枢纽机场之一的广州白云机场和大型骨干机场之一的深圳机场。包括香港、澳门在内，珠三角也已经拥有世界上客货吞吐能力最大的空港群。

多式联运方面，随着广东到湛江、南宁铁路建设，珠三角核心地区与东盟直接的铁路运输能力得到增强，并通过国家铁路网，经中部地区、西南地区与西北地区和欧亚大陆桥的铁路相连接。

六、粤港澳大湾区开放度高

大湾区是中国改革开放的发源地和先行区，改革开放起步早、程度高、成效大，始终站在改革开放的前沿，担当改革开放的排头兵。开放型经济水平稳步提升，中国(广东)自由贸易试验区稳步推进，建立了与国际接轨的投资贸易体系，率先实现粤港澳服务贸易自由化，外贸进出口总额连续30年居全国首位，是我国高水平参与国际合作的重要区域。

粤港澳大湾区地处两种制度交汇的最前沿，在体制机制创新方面扮演领头羊角色。港澳在体制资源和社会管理模式上具备领先优势，具有与国际接轨的法律体系和市场规则。广东是改革开放的先行地，是全国市场化程度最高、市场体系最完备的地区，率先形成一套与国际接轨的体制机制和营商环境。粤港澳大湾区在促进区域合作方面，探索创新了粤港澳合作机制，突出了“两制”的互补性，促进了区域合作共赢 。通过大湾区融合发展，加强环境的共治共建共享，形成了珠三角的世界级城市群，形成了更大范围的优质生活工作圈。图2-6反映了香港城市风貌。

图2-6　香港

七、粤港澳大湾区文化厚重

粤港澳大湾区历史悠久，文化积淀深厚，广府文化、潮汕文化、客家文化融合发展，源远流长，人文遗产星罗棋布，形成了独特的大湾区文化品牌，已成为中西文化交汇地，多种文化思潮交错，为中国革命、改革发展做出了重要贡献。具有侨乡、英语、葡语三大文化纽带，是东西文化的荟萃地，是弘扬和传承海上丝绸之路友好合作精神的文化桥梁。大湾区已成为东西方文化交流的重要窗口，多种文明在此交汇，人文积淀特色鲜明。这些都奠定了大湾区发展的人文基础。

粤港澳大湾区是岭南文化（见图 2-7）的核心区域，也是中国最大的侨乡，具有开放包容的优良传统。广东历史文化资源丰富，现实主义题材众多。特别是有大量具国际影响的文艺素材，为文艺创作提供了深厚的土壤和优越的条件。文化产业快速崛起，平面媒体、广播电视、数字出版、印刷复制、动漫网游、游艺游戏设备生产等优势产业集群全国领先，整体实力不断提升 ，逐渐向支柱性产业迈进。新兴业态迅速增长，跨界融合日益加剧，数字出版产值占全国 20%，游戏产业产值规模超千亿，占全国总产值的 70%和全球产值的 20%。粤港澳文化合作会议的成功举办，为实现内地与港澳的文化交流合作打下了较好的基础。深圳已成为中国文化贸易和推动中华文化走出去的桥头堡。随着文化交汇融合的步伐不断加快，文化的优势也使得粤港澳的交流更加紧密，为深入推动“一带一路”倡议奠定了良好的民心基础。

图 2-7　岭南文化

八、“一国两制”优势突出

大湾区涵盖两种制度，连接两个市场，利用两种资源，具有与国际接轨的市场规则和法律体系，体制优势和制度优势十分突出。香港和澳门作为特别行政区，司法体制独立，拥有自由港和独立关税区地位，香港被誉为全球最开放、最具活力、最具竞争力的经济体之一。澳门被誉为“世界旅游休闲中心”和“中国与葡语系国家商贸合作服务平台”，是拓展延伸与欧盟和拉丁语系国家合作的重要载体。“一国两制”的突出优势为大湾区建设提供了可持续发展的多元保障。

广东、香港、澳门为毗邻关系。港澳同胞祖籍大部分在广东省，港澳同胞的亲属大部分也在广东省。粤港澳关系尽管在不同时期有不同表现，历经波折，但它们之间始终保持密切联系。相似的地缘条件、血浓于水的亲情人缘、独特的岭南文化和海洋文化的熏陶与中西文化的交流碰撞，形成一股永不消减的巨大力量，支撑着粤港澳关系的发展。继 1997 年香港回归祖国、1999 年澳门回归祖国后，内地与港澳的联系更加密切，随着粤港澳经济社会的发展，区域一体化的趋势日益明显，“一国两制”的强大生命力在广东与港澳的合作中得到了充分展现，成为粤港澳构建大湾区的政策基石。

在“一国两制”制度优势的基础上，粤港澳关系得到全面、深入发展。粤港澳区域充分利用“一国两制”制度优势，就经贸合作、社会管理、民生服务、区域规划等事务进行沟通、交流，谋划制定推进区域经济社会发展的重要措施，协调推动相关跨境重点合作项目，着力搞好重大合作平台建设，指导推动粤港澳合作持续健康发展。随着《关于建立更紧密经贸关系的安排》（英文简称 CEPA）的深入实施，广东的前海、南沙、横琴等三大平台建设全面加速，有力促进了粤港澳更紧密合作。

第三节　未来大湾区面临的宏观环境变化前瞻

一、世界经济增长态势与中国经济增长潜力

从全球结构上看，国际秩序和国际体系进入深度调整关键时期，世界经济增长格局出现新变化。所谓世界经济格局，就是世界各国或国家集团相互作用而形成的世界经济内在结构的外在表现。国际金融危机改变了世界经济格局，经济呈全球化、多极化趋势不可逆转；新兴经济体保持快速增长趋势，在全球经济治理中发挥重要的作用。以中国为代表的新兴经济体成为世界经济增长新引擎，中国正在走向世界舞台的中心，在重塑全球经济治理结构中有了更大的话语权。

2013年以来，主要的发达国家因美国经济逐渐走上正常轨道而逐步出现总体回暖迹象，发展中国家包括非洲国家、东亚国家和南亚国家将会保持较快增长，而拉美国家以及独联体国家可能出现相对低速的增长态势。总体而言，世界经济将会保持较为平稳的恢复性增长势头，从而出现有利于新兴市场国家稳步发展的积极变化。世界经济总体趋好的态势为中国经济发展提供了良好的外部发展环境。经过几十年高速发展的中国经济，在改革红利与城市化红利的进一步释放助推下，依然存在较大的增长空间和发展潜力，在可预见的未来仍将保持一个较快的经济增长速度。但由于传统比较优势的弱化，原有增长模式的衰弱，中国经济增长也面临着潜在的挑战与风险。金融危机以来，以美国、欧盟为代表的发达国家，实行制造业回归或再工业化，注重发展实体经济，加大双边、多边贸易投资谈判力度，不断扩大对外贸易，对我国出口带来压力；同时，我国劳动力、融资、土地等成本不断提高，也降低了我国贸易竞争力。国际经济和竞争环境的变化，使得我国以中低端为主的出口竞争力地位面临巨大压力。最近几年我国贸易甚至出现了负增长，湾区情况也不例外，深圳、广州、汕头港口的吞吐量在下降，香

港自身的出口在明显下降。更重要的是，以中低端为主的产品出口价格低廉，难以卖出高价和高附加价值，靠规模取胜获得地位的难度加大，这将大大制约本地经济的国际地位，中国企业的价格竞争以及区域重复建设，也不利于未来我国贸易地位的提高。湾区继续按照目前的产品、贸易结构生产和出口，经济增长速度和出口增长速度都将趋下降，必须创造出新的增长、出口动力。未来湾区要在经济发展重点、出口产品重点、出口区域重点进行新的规划布局，而且要在城市、港口建设、发展特色上具有超前思考。这需要实行转型升级，提质增效，增加品种，从中低端迈向中高端，出口从低附加值走向高附加值，从出口产品、设备走向出口技术、专利和知识产权，加大服务贸易比重，以此引领全国贸易发展，这样才能在未来发展中获得国际地位。

总体来看，中国经济将从超高速增长进入到一个中高速发展的新常态；但由于国内经济发展的非均衡性和增长异质性，就局部而言，不少行业、区域仍然存在持续快速发展的潜力。

二、全球新一轮科技革命与产业变革正处于关键时期

2008 年起的国际金融危机，倒逼了全球新一轮科技革命与产业变革的孕育提速，世界各主要发达国家已经呈现新产业、新技术发展节奏不断加快的新态势。美国正在大力促进创新成果产业化，加速建设以分布能源系统、物联网等为代表的全新的工业基础设施体系；德国提出工业 4.0 战略，推动以智能制造为主导的第四次工业革命，增强德国工业的竞争力；日本则通过加大开发 3D 打印机、智能机器人等尖端技术，快速更新制造技术以提高其产业的国际竞争力，抢占未来产业全球制高点。

新一轮科技革命为中国提供了追赶与跨越、实现“中国梦”的历史性窗口。中国在 2009 年提出大力发展“战略性新兴产业”的重大战略，确立了以节能环保、新一代信息技术、生物、高端装备制造、新能源、新材料、新能源汽车七大产业为核心的中国新兴产业发展方向，并已在新

能源汽车、光伏产业等领域取得了较大进展，但在关键技术领域仍与发达国家存在较大差距。为抓住新一轮科技与产业革命的历史机遇，实现追赶与跨越，产业转型升级成为中国经济发展的内生要求与必然选择。

三、国际贸易投资领域出现竞争加剧新趋势

全球开放格局特别是亚太地区的贸易投资自由化态势面临重大转折。未来5到10年，国际开放格局将会发生重大转折性变化，即区域的双边或诸边自由贸易协定将对世界贸易组织（英文简称WTO）构成重大挑战，并逐渐成为更为重要的国际经济制度安排，而亚太地区将成为影响新国际经济秩序安排水平的核心区域。美国前总统奥巴马的“两洋”战略协议，很大程度上将改变世界贸易规则、产业行业标准，挑战新兴国家尤其是金砖国家间的准贸易联盟，以贸易和跨国投资自由化、金融便利化为特征的自贸区正在改变着世界贸易版图，目的是阻滞中国的东亚、东南亚区域合作步伐，压制中国在东亚、东南亚经济合作中的影响力，削弱中国在全球经济治理中的地位和作用。特朗普上台后，退出跨太平洋伙伴关系协定（英文简称TPP），美国将会开启新一轮与各贸易伙伴国的自由贸易协定（英文简称FTA）谈判过程，在这一过程中，由于是双边协定，借助于美国强大的经济、政治、金融、军事力量，相比于TPP等多边形式自由贸易区，美国将会获得更多的主动权，会获得更多的有利于美国的利益。

国际贸易规则的改变和开放格局的重构倒逼着中国改革开放的深入。中国必须着眼于国际规则和全球治理的最新发展趋势，在深化国内改革的基础上，加快完成更高标准的自由贸易区战略布局，在世界经济规则的重构中提出新的战略议程，增强中国在国际经济治理中的话语权。上海、广东、天津等自由贸易区的设立以及党的十九大报告提出建设自由贸易港，正是中国适应自身发展新阶段和融入国际贸易新格局的重大战略举措，并以此为契机推动中国下一阶段的全球化发展由

低层次的商品流动向高层次的要素流动迈进。以“丝绸之路经济带”和“21世纪海上丝绸之路”建设为内涵的“一带一路”倡议则进一步构绘了中国深化开放、参与全球竞争的宏伟蓝图。

四、当前和今后一个时期，我国已经从以“引进来”为主，进入“引进来”与“走出去”并重的阶段

从国际经验看，我国正处在从吸引外商直接投资（英文简称FDI）转向扩大对外直接投资（英文简称ODI）的窗口期。2008年以来，我国对外直接投资呈快速增长之势，年均增速达12%，2016年呈爆发式增长，正在从资本输入国转变为资本输出国，从吸引外资转向扩大对外直接投资国，标志着我国正从商品出口国转向资本出口国，这对长期将吸引外资放在重要地位的我国来说，是个巨大的转变，预计未来10年，我国对外直接投资总额累计将超过1.5万亿美元，有望成为世界第一大对外投资国，这标志着我国将在更大范围、更宽领域、更深层次上融入全球经济体系。

第四节　重大挑战

总体来看，中国特色社会主义进入新时代，粤港澳大湾区“十三五”时期处于率先全面建成小康社会阶段向开启全面建设社会主义现代化国家新征程进军的阶段，就经济发展水平而言，将处于由上中等收入经济区向高收入经济区迈进的决定性阶段。该阶段的经济社会发展将会出现四大相互制约又相互交织的重大转折性变革，即经济增长将由高速非稳态降落至中高速新常态，发展动力由要素投入逐渐转向创新驱动，城市化发展逐渐由粗放式扩张转向规模、绿色、内涵同步提升，产业结构由传统制造业为主向新兴产业及服务业为主体的经济新图景转型。粤港澳大湾区面临一些亟须解决的困难与问题，尤其是在受国际金融危机深层次影响，全球经济贸易增长乏力，保护主义抬头，外部环境不确定因素增多的背景下，国内经下行压力仍然很大，经济增速换挡、结构调整阵痛、动能转换困难相互交织，经济运行困难加大，深层次矛盾和问题进一步显现。

具体来看，存在的主要困难和问题主要有以下几点：

一是处于由高速增长向中高速增长新常态转换的非稳态阶段，区域和经济社会发展不平衡、不协调矛盾依然突出，大湾区迫切需要发展模式、经济结构、增长动力的大调整。

二是处于要素驱动型增长动力渐趋衰减的阶段，大湾区面临原有动力弱化新兴动力不足的动力断层风险，社会主义市场经济体制仍不够完善，对外开放合作格局仍不够开阔，迫切需要重构增长动力格局。

三是处于城市化粗放型发展模式转变的关键阶段，大湾区面临因多重制度约束导致陷入低水平城市化陷阱的风险，经济发展方式仍比较粗放，资源环境约束依然趋紧，迫切需要推进城市化内涵同步提升和生产力布局调整。

四是区域经济处于工业化后期向后工业化时期迈进的交织阶段，大湾区部分地区面临传统制造业升级缓慢而新兴产业及服务业发展滞后导致的产业空心化风险，迫切需要现代产业体系再造。

五是粤港澳深化融合发展仍存在一些障碍，CEPA“大门敞开、小门虚盖”，重点合作领域难以取得新突破，港澳面临失去发展优势无法单独应对的困境。

改革开放以来，大湾区经济赖以快速发展的具有比较优势或相对成熟的产业，部分因产业趋近生命周期的衰退期或因陷入产业低端锁定或因处于产业外部转移而出现不断衰退，而且从低技术含量低附加值向高技术含量高附加值的产业内价值链升级不快，从劳动密集型向资本密集型及技术密集型产业的产业间升级太慢，新兴产业培育发展的力度不强，从而导致湾区产业结构趋同和产业发展的断层，这成为大湾区在经济发展与国际竞争中面临的最大风险与挑战，实现“三个定位”“两个率先”的目标任务仍然繁重。

第五节　战略机遇

改革开放特别是党的十八大以来，建设粤港澳大湾区，事关实现海洋强国战略，建设海上丝绸之路战略基地；事关社会主义现代化建设全局，打造国民经济持续增长新引擎；事关向世界深度开放，全面提升开放型经济水平；事关国家长治久安，实现中华民族伟大复兴。必须从全局战略高度，充分认识粤港澳大湾区特殊的重要战略地位和承担的重大特殊使命，缔造中国新的历史起点领跑者，这对实现“两个一百年”奋斗目标具有极其重大的历史意义和现实意义。

“十三五”和今后一段时期，是粤港澳大湾区加快发展、大有作为的重要战略机遇期，前景十分光明。从国际看，世界经济格局正在发生深刻变化，国际秩序和国际体系进入深度调整，全球区域经济一体化深入推进，生产要素在全球范围内加快流动和重组，有利于大湾区积极参与国际分工，分享全球化红利，提升我国经济世界竞争力；我国积极参与全球治理，推进新一轮全球化进程，为大湾区提升国际竞争力提供了良好的外部环境；新一轮科技革命和产业变革蓄势待发，为大湾区成为国际产业创新策源地提供了机遇。从国内看，打造粤港澳大湾区，是在贯彻落实党的十九大会议精神，开启新时代社会主义的新征程，我国改革发展进入关键时期、全面建成小康社会进入决胜阶段，牢固树立“五大发展理念”、统筹推进“五位一体”总体布局和协调推进“四个全面”战略布局的大背景下进行的，有利于大湾区向更高层次、更深领域、更广范围融合发展，加快形成新的区域增长极，带动全国迈入发达国家行列。

一是党的十九大会议做出的一系列重大政治判断，在新的历史方位推进中国特色社会主义建设给大湾区带来重大机遇。从社会主要矛盾的变化，更深层次研究发展规律，从技术变革的特征去把握发展趋势，抓住时代性需求变化的机遇，赢得先机、走在前列，在时代洪流、历史进程中思考大湾区发展的方向和定位、目标和任务，谱写好实现中华民族伟大复兴中国梦的大湾区新篇章。要根据“两个15年”的战略安排，紧密结合大湾区实际拿出前瞻性的规划，努力探索符合客观规律、具有中国特色、体现大湾区特点的区域现代化之路，在新时代不断增创湾区发展的新优势。大湾区将成为一个新思想的发源地、全国新动能的发动机 。

二是“一带一路”建设为大湾区带来了重大机遇。大湾区特殊的地理位置并被赋予作为“一带一路”的重要区域，枢纽地位凸显，被视为在国家新一轮对外开放格局中的重要角色，大湾区战略地位与枢纽地位可谓无可取代 ，“一带一路”已经成为大湾区新一轮战略部署的核心关键词。国家层面搭建的“东盟10＋1”“中东欧16＋1”“中国—海合会”等一系列日益常态化的合作平台，为大湾区企业走出去提供了有力保障。南海是海上丝绸之路的必经之地，环南海大扇形的空间骨架中，已经形成了华南（粤港澳大湾区—粤桂琼闽）海洋经济合作区、新柔廖成长三角区、台越菲经济三角区、东盟东部三角区、东盟北部三角区等若干次区域的经济合作区，为构建环南海经济合作圈打下了合作基础。广东是我国第一侨乡，而东盟是粤籍华侨的主要聚居地之一，且华侨华人在东盟国家经济发展中普遍发挥着重要作用，具有庞大的商贸网络资源和雄厚的资金实力。大湾区应充分发挥华商“融通中外”的独特优势，搭建“21世纪海上丝绸之路”“广东—华商经济合作平台”，打造粤港澳大湾区城市群，成为“一带一路”的创新枢纽和开启新征程的新引擎。

三是国内全面改革深化，为大湾区创新体制机制领先优势带来重大机遇。党的十八届三中全会指出，必须加快形成企业自主经营、公平竞争，消费者自由选择、自主消费，商品和要素自由流动、平等交换的现代市场体系，着力清除市场壁垒，提高资源配置效率和公平性。党的十九大报告提出，坚持全面深化改革，不断推进国家治理体系和治理能力现代化，构建系统完备、科学规范、运行有效的制度体系，充分发挥我国社会主义制度优越性。大湾区是全国民营经济最发达的地区，随着市场对资源分配的决定性作用体系的完善，民营企业优势必将进一步发挥。同时，随着政府职能转变，深化行政体制改革，创新行政管理方式，建设法治政府和服务型政府不断深入，为新时期法治政府和服务型政府的建设打下了坚实基础。

四是以贸易投资自由化为特征的新一轮开放为大湾区经济全球化提供了有利机遇。中国（广东）自由贸易区的设立，贸易投资自由化、金融便利化为大湾区企业在全球范围内进行资源优化配置、汲取高级要素开放红利打开了更为广阔的窗口和渠道。作为开放先行区的广东自由贸易区的实践为大湾区开放型经济发展带来了示范效应和溢出效应，在培养市场主体、发展市场中介组织、完善市场结构和体系等方面探索新的做法，为吸引国际型人才提供了便利，为大湾区企业提供高效的出口平台。

五是新一轮科技与产业革命为大湾区利用资本优势实现跨越升级带来了机遇。新一轮科技与产业革命将使全球要素配置方式、生产方式、组织模式与人们生活方式发生革命性的转变。这是一个难得的机遇。准确判断市场趋势、引导技术创新、落实产业化、拓展市场，使其成为主导因素，成为大湾区经济社会发展的动力。大湾区信息产业、网络市场将为经济实现新突破提供重要基础。现代网络市场有利于交易方式、生产方式、企业组织方式的转型，为大湾区经济在新工业革命背景下实现新突破奠定了重要的基础。

六是工业化后期经济发展逐渐转向消费拉动模式，大湾区居民收入水平位于全国前列，为消费驱动型发展带来了机遇。随着科技与产业革命的发展，企业开始进入客户定制化时代，需求成为产业升级的重要动力。一方面,大湾区以消费品生产为主体的轻工业发达,这些行业直接面向消费者,使得终端消费者的需求能与产业结构更有效地结合。而另一方面,大湾区居民收入水平位于全国前列,城镇居民人均可支配收入、人均消费水平、人均生活消费支出均全国领先,大湾区在收入水平上的优势无疑为适应未来发展奠定了基础。

第三章　粤港澳大湾区融合发展总体思路

当前和未来一段时期，我国改革发展进入关键时期，全面建成小康社会进入决胜阶段，进入了开启全面社会主义现代化建设国家新征程阶段。粤港澳大湾区要贯彻落实党的十九大精神和党中央治国理政新理念、新思想、新战略，统筹推进“五位一体”总体布局和协调推进“四个全面”战略布局，贯彻落实习近平总书记对广东提出的“三个定位、两个率先”和“四个坚持、三个支撑、两个走在前列”总体目标要求，扎实推进“一带一路”建设，建设世界级城市群。适应新形势、新任务、新要求，促进粤港澳大湾区融合发展，推动内地与港澳更紧密合作，推动湾区向更高层次、更深领域、更广范围开放，对于推进“一带一路”建设，打造陆海统筹、东西互济的全方位对外开放新格局，对于统筹东中西协调联动发展，提高全方位开放合作水平，促进香港、澳门长期繁荣稳定，都是优化全国区域发展格局的一次重要实践。

按照中央要求，用10年左右的时间，“一带一路”建设实现重点突破、实质推进。“面向欧亚大市场的高标准自由贸易区网络初步形成，更大范围、更宽领域、更深层次的区域经济一体化深入推进”，“海上战略支点建设取得突破性进展”，“向西开放、海洋强国建设迈上一个大台阶”。中央的目标要求如下：

一要继续发挥珠三角等沿海地区龙头引领作用，实行更加积极主动的开发战略，同世界深度互动、向世界深度开放，全面提升开放型经济水平。

二要在经济新常态下，特别是在“十三五”规划时期和今后更长一段时期，在区域发展格局上有新突破，促进粤港澳大湾区融合发展，带动全国实现新的开放，形成东中西联动发展局面。

三要打造区域新的增长极，缔造中国新的历史起点领跑人，释放更强经济社会发展新活力，对实现“两个一百年”奋斗目标，具有特别重大的意义。

第一节　粤港澳大湾区融合发展规划基本考虑

一、体现党的十九大会议精神和习近平总书记提出的“三个定位、两个率先”和“四个坚持、三个支撑、两个走在前列”总体目标要求

2012 年年末习近平总书记在视察广东期间提出，广东要努力成为发展中国特色社会主义的排头兵、深化改革开放的先行地、探索科学发展的试验区，为率先全面建成小康社会、率先基本实现社会主义现代化而奋斗。2017 年 4 月 4 日，习近平总书记对广东工作做出了“四个坚持、三个支撑、两个走在前列”的重要批示。这“三个定位、两个率先”“四个坚持、三个支撑、两个走在前列”是大湾区的行动指南、总体目标要求，规划的各个方面都要体现这个要求。大湾区经济社会发展取得重大成就，为继续前进创造了新优势，打下了坚实基础。大湾区正处于经济转型上升期，进入高收入的富裕型发展阶段，将成为第二个“一百年”目标和中华民族伟大复兴中国梦开启里程碑式的新起点的领航人。这要求大湾区要有战略性、前瞻性，具有世界眼光，国际化思维，高起点规划、高标准要求、高质量建设。

二、体现“五大发展理念”这一思想主线

牢固树立和贯彻落实创新、协调、绿色、开放、共享的发展理念，统领大湾区经济社会发展全局，紧紧围绕引领经济新常态，把“五大发展

理念”的内涵和要求全面贯彻到发展目标、发展重点、政策措施和重大工程的各个方面，坚持合作发展、互利共赢，发展新经济，开拓新市场，投资新领域，培育新动能。坚持创新发展，建设具有更高发展质量和效益的活力湾区；坚持协调发展，建设区域、城乡平衡发展的和谐湾区；坚持绿色发展，建设生态环境优良、人与自然和谐相处的美丽湾区；坚持开放发展，建设合作共赢、共同发展的繁荣湾区；坚持共享发展，建设人民福祉日益增进、更加宜居宜业的幸福湾区。

三、体现“一带一路”建设规划和未来发展目标要求

粤港澳大湾区未来的发展目标既要与“十三五”规划相衔接，又要与“一带一路”中期目标、与我们党确定的“两个一百年”奋斗目标相衔接。综合考虑大湾区未来发展的趋势和条件，“十三五”期间和今后更长一段时期，大湾区在区域发展格局上率先取得新突破。按照“一带一路”建设目标要求，大湾区在“一带一路”建设中要率先实现重点突破、实质推进，基本实现面向欧亚大市场的高标准自由贸易网络，推进区域经济一体化向更大范围、更宽领域、更深层次发展，推动海上战略支点建设取得突破性进展，海洋强国建设迈上一个大台阶。

四、体现深化广东、深圳，港澳融合发展的要求

全面准确贯彻“一国两制”、“港人治港”、“澳人治澳”、高度自治的方针，发挥港澳的独特优势，提升港澳在国家经济发展和对外开放中的地位与功能，支持港澳发展经济、改善民生、推进民主、促进和谐。巩固香港国际金融、航运、贸易三大中心地位，参与国家双向开放、“一带一路”建设。支持澳门建设世界旅游休闲中心、中国与葡语国家商贸合作服务平台，促进澳门经济适度多元可持续发展。推动粤港澳深度参与全球分工，在更高层次上参与区域竞争，提高国际竞争力。

五、体现促进区域协调发展的战略要求

建立更加有效的区域协调发展新机制，创新引领、率先实现珠三角

地区优化发展。通过调整珠三角地区的生产力空间布局，寻找新的空间承载区，疏解广州、深圳城市功能，破解区域发展不平衡不充分问题，从而带动粤西和西南地区乃至全国经济社会发展，有利于东中西部互动合作，深入推进国际产能合作，加快珠三角地区转型升级，培育区域经济增长新引擎，把中国经济持续向前推进。

总之，打造粤港澳大湾区要全面贯彻党的十九大会议精神和习近平总书记讲话精神，认真贯彻落实党中央、国务院决策部署，按照“五位一体”总体布局和“四个全面”战略布局，牢固树立和贯彻落实创新、协调、绿色、开放、共享的发展理念，坚持以融合发展、互利共赢为主题，着力深化改革、扩大开放，进一步创新粤港澳深度融合发展体制机制；着力科技创新引领，共同培育壮大先进产业集群；着力基础设施互联互通，建设现代化海上大通道；着力加强海上合作，建设海上丝绸之路桥头堡；着力深化文化融合，共建繁荣民主和谐湾区；着力携手共建粤港澳大湾区，打造世界级城市群，建设国际金融贸易中心、科技创新中心、交通航运中心、文化交流中心，率先实现社会主义现代化。

第二节　策略原则

一、坚持改革引领、深化开放

发挥经济特区改革开放排头兵作用，全面深化改革，充分释放改革红利。坚持市场运作与政府引导相结合，充分发挥市场配置资源的决定作用以及企业的主体作用，促进国际国内要素有序自由流动、资源高效配置、市场深度融合，推进粤港澳自贸区建设。更好地发挥政府宏观指导、政策支持和管理服务的作用。

二、坚持创新驱动、先行先试

大力实施创新驱动发展战略，创新市场政策导向机制，增强市场主体创新活力，促进创新资源综合集成，培育具有国际竞争力的创新湾区。发挥大湾区一直站在时代的发展前沿、担当着中国改革开放的先行者作用，在重点领域和关键环节改革先行先试，率先突破。

三、坚持海陆统筹、齐头并进

充分发挥粤港澳的独特优势，依托港口群、空港群、综合交通运输体系，统筹布局陆地空间和海洋空间，统筹沿海与腹地开放，将“一带一路”建设与大湾区建设发展战略结合起来，将对外开放战略布局和国家长远战略有机结合起来，形成齐头并进的发展格局。

四、坚持融合发展、互利共赢

突出发展、突出融合是大湾区建设的主体和主线，促进粤港澳深度融合，建设繁荣、民主、和谐湾区。加强务实合作，兼顾各方利益和关切，寻求利益契合点，积极探索重大项目平台共建和利益共享机制，提升发展内生动力。

第三节　战略定位

一、世界一流湾区和世界级城市群

粤港澳大湾区经济总量大、带动能力强，是泛珠三角地区的龙头，具有带动内陆腹地加快发展，在全国创新发展方面发挥重要示范的作用。大湾区交通网络发达、产业层次高端基础设施完备，综合经济实力和影响力进一步增强，成为世界经济版图新亮点，成为我国未来经济社会发展新的重点区域。

二、粤港澳融合发展示范区

全面准确贯彻“一国两制”方针，牢牢掌握宪法和基本法赋予的中央对香港、澳门全面管制权，深化与港澳交流合作，保持香港、澳门繁荣稳定。发挥深圳经济特区、国家级新区、自由贸易试验区等体制机制优势以及港澳在全国改革开放和现代化建设中的特殊作用，发挥"一国两制"优势，探索粤港澳深度融合发展新路径，寻找融合发展模式的创新途径和突破口，扩大港澳发展空间，凸显"一国"共同利益，增强"一国"的凝聚力，减少"两制"的差异和摩擦力，加快深度融合发展的进程。要在自由港区、对接国际高标准投资和贸易规则、完善社会主义市场经济体制、推进国家治理体系和治理能力现代化等方面先行先试，扩大特区范围、享受特区开放政策，为全国深化改革，扩大开放积累经验、提供示范。

三、世界经济增长重要引擎

强化粤港澳大湾区辐射带动作用，带动中南、西南地区以及长江经济带等周边地区加快发展，大力发展金融贸易、高端科技研发、高端价值服务等高端产业新形态，构建有全球影响力的国际金融贸易中心、科技创新中心、交通航运中心、文化交流中心，成为促进全国区域发展火车头。集聚全球生产要素，培育若干产业集群，建设全球智慧制造业基地。

四、全球科技创新中心

创新是大湾区建设的动力源泉，要依托国际自主创新示范区建设，充分发挥粤港澳科技优势，积极吸引和对接全球创新资源，加快区域创新体系建设，推动内地和港澳科技合作体制机制创新，深化粤港澳科技创新交流，支持共建国际化创新平台。联合实验室和研发中心，加快创新成果转化，支持粤港澳在创新孵化、科技金融、国际成果转让等领域开展深度合作，打造国际科技创新中心。

五、国际文化交流重要平台

发挥粤港澳底蕴深厚、多元开放的文化优势，传承和弘扬古丝绸之路的友好合作精神，传播好中国声音，广泛开展教育、科技、文化、卫生、医疗等多领域国际交流合作，实现不同文明互学互鉴，将大湾区建设成为东南亚文化交流的重要联系纽带。大力推动粤港澳文化融合，强化国民教育、培育爱国情操。

六、国际宜居宜业宜游优质生活圈

着眼于城市群可持续发展，强化环境保护和生态修复，推动形成绿色低碳的生产生活方式和城市建设运营模式，有效提升城市群品质。努力将粤港澳大湾区建设成为更具活力的经济区、宜居宜业宜游的优质生活圈和内地与港澳深度融合的示范区。

第四节　战略目标

一、近期目标

"十三五"期间，特区框架基本形成，自由贸易区战略取得新突破，中国（广东）自贸试验区升级版基本建成，"一带一路"重点领域合作取得早期收获，一批重点基础设施互联互通项目开工建设，在产业投资、经贸合作、科技创新、人文交流等领域取得实质性进展，粤港澳大湾区经济总量超过2.2万亿美元。

二、中期目标

到2025年，大湾区建设实现重点突破、实质推进，面向国际市场的高标准自由贸易区网络初步形成，与东南亚区域经济一体化深入推进，南海战略基地基本建成，海上国际大通道安全畅通，基本形成国际金融贸易中心、科技创新中心、交通航运中心、文化交流中心。粤港澳大湾区经济总量超过3.5万亿美元，初步建成国际化一流湾区。

三、远期目标

到21世纪中叶，粤港澳经济特区基本建成，粤港澳深度融合发展，形成互利共赢、多元平衡、安全高效的开放型经济新体制，在全国区域发展格局中占据主导优势，建成开放型经济湾区。

第五节　战略路径

一、以融合发展为重中之重，以建设融合发展“飞地经济”试验区为抓手，促进粤港澳一体化、国际化、全球化

香港、澳门回归以来，广东为落实“一国两制”的基本政策，积极与香港、澳门开展了多方面合作，粤港澳一批重大基础设施项目得到实施，经贸、科技教育合作程度加深，民生领域等诸多环节取得积极进展，实现了香港、澳门回归后的平稳过渡和繁荣稳定。但是，粤港澳政府在CEPA实施中的作用发挥不够，缺乏高效的、多层面的协调机制；粤港澳体制政策差异明显，行政区体制与跨区域经济合作之间存在矛盾；粤港澳间的观念和利益存在着差异，在合作理念上存在分歧；香港的围城心态与经济民粹主义的抬头，其国家认同感的变化受到关注；等等。

粤港澳如何融合发展是粤港澳大湾区建设的首要问题。大湾区具有特殊的制度创新优势、区位优势和资源禀赋条件的比较优势，使大湾区在粤港澳的经济合作中，在国际产业分工和经济全球化过程中占有重要地位。粤港澳合作已远远超越区域性、地缘性经济合作的范畴。高标准建设好粤港澳大湾区，不但是推动粤港澳和整个中国经济持续、稳定、快速发展的重要动力，而且对解决台湾问题具有巨大的示范效应。“一国两制”是粤港澳融合发展的重要理论基础，是最有利的优势，它开创了在不同社会制度条件下，在最大限度地维持现状条件下实现国家统一的先河。“一国两制”不但是一种新的统一观，而且是一种全新的发展模式。它把国家统一、改革开放和现代化建设作为一个整体进行考虑，既实现中华民族统一的愿望，也在统一的过程中有效地维护港澳经济的繁荣发展和促进内地特别是深圳的现代化建设。在新形势下，以党的十九大精神为指导，深化拓展“一国两制”的科学内涵，为构

建粤港澳融合发展提供理论支撑和实践指导，进一步凸显“一国”的共同利益，增强“一国”的凝聚力，减少“两制”的差异和摩擦力，加快粤港澳大湾区融合发展和一体化进程。

香港是中华人民共和国辖下的两个特别行政区之一，面积约1100平方千米，人口700多万。香港是中国面向世界最大及最重要的对外门户之一，也是海外通往中国内地的大门。独特的地理位置成就了香港的国际贸易中心、国际金融中心、国际航运中心的重要地位。

香港具有公平独立的法律体系，完善可靠并且独立的司法制度，创造了自由开放的制度和公平的竞争环境；具有制度体系上的优势，对中国长期发展将越来越具有战略价值，高效的行政系统中拥有廉洁、守法的公务员队伍；具有国际化的人才优势，香港是免税自由港，生活便利，信息自由，教育发达，吸引了一大批世界各地的经济总部和高端人才，与世界各地的沟通和联系畅通无阻；拥有最自由和最具竞争力的经济体系，一流的金融网络和服务体系，通达全球的运输网络，可自由兑换的货币以及低税率的基本税制。凭借这些优势，香港成为全球公认的自由、有竞争力的经济体系。

全球经济危机的爆发，使得香港的航运中心和金融中心地位受到极大冲击。自2009年开始，香港失去了世界第一货柜港的地位，2010年深圳货柜港的吞吐量已与香港处于同一水平，广州港追赶速度加快。2016年香港港口首季度吞吐量排名已被青岛港超越，排名跌至全球第六。香港货柜港已彻底失去在华南地区几十年来独占鳌头的港口地位。而香港制造业迁到珠江三角洲后，服务业在整个经济中的比例迅速增加，在2010年达到92%。至此，香港已成为服务业为主型的经济形态。同时，由于制造业外迁，服务业如金融保险、出入口业、运输业服务对象由本地转向内地企业。2016年上半年，香港对粤实际投资增长22.5%，广东对港实际投资增长39%；在粤备案的香港服务提供者投资8.26亿元人民币，粤港服务进出口总额238亿美元。当前，香港面临失去发展优势的原因在于市场竞争的加深，香港已经无法单独应对困境。加强与广东省等内地区域的深度联合，参与区域经济一体化的产业升级，主动融入国家社会主义现代化进程，才是最佳的选择和出路。

澳门特别行政区位于珠江三角洲西侧，与广东省珠海市连接，与香港隔海相距60千米。总面积32.8平方千米的土地上生活了50余万人，使澳门成为全球人口密度最高的地区之一。回归十年来，澳门经济飞速发展，2014年澳门本地生产总值为4134.7亿澳门元，人均本地生产总值达到8.7万美元，远高于香港，使得澳门经济在区域性经济中占有独特地位。

澳门是海岛经济，经济规模无可避免地受市场、资源和结构等方面的局限，但澳门经济具有开放、灵活的特点，是亚太地区内极具经济活力的一员，旅游博彩业构成澳门主要的经济动力之一。澳门是中国两个国际贸易自由港之一，货物、资金、外汇、人员进出自由，无须受到其他额外因素限制。澳门与欧盟、拉丁语系国家，尤其是与葡语国家具有传统意义上的联系和语言优势，可以很好地充当内地与这些国家和地区经济合作的桥梁。

然而，博彩业占据的比重过高也为澳门经济带来不小的隐患。博彩娱乐业独木支撑的情形很明显，经济结构面临单一的严重弊端。实现产业结构多元化又受制于地域狭小、资源匮乏、空间上受限。由于澳门经济体量小，在华南区域内的影响力、辐射力、渗透力也较弱，多元化发展难以施展。加强与深圳、珠海的深度合作，必然成为澳门的重要出路。

广东毗邻港澳，是改革开放的前沿，经过30多年的快速发展，粤港澳区域的经济形势、规模也发生了翻天覆地的变化。粤港澳优势互补，推进粤港澳合作，对该区域当前各自的经济发展和经济转型升级，都将会起到重要作用。近些年，国家出台了粤港澳合作一系列优惠政策，支持粤港澳加大合作力度。广东省设立自贸区，加快服务贸易自由化、重大合作平台、跨境跨区域基建项目等重点建设，有效提升了粤港澳区域的合作水平。粤港澳在青年交流、教育、医疗、环保等社会民生领域，跨境基础建设等方面的合作，也均在全面推进中。

从粤港澳总体来看，粤港澳地区 2015 年经济总量在亚洲仅排在日本、印度之后，排在韩国之前，位列第三。在香港、澳门特别行政区回归祖国之后，粤港澳在经济和民生领域的合作达到了前所未有的深度，并形成了该区域开展更紧密合作的高度共识。

2016 年广东进出口额占全国的 26%，实际利用外资占全国的 21%。就大湾区整体而言，2016 年大湾区出口总额占 GDP 的比重高达 75%，是全国平均水平的 3.8 倍。2015 年，大湾区吸引外来直接投资为 2030 亿美元，是长三角、京津冀吸引外来直接投资总和的 1 倍多。特别是广东是外资来源集中地，香港地区投资占 7 成。实际投资前 10 位的国家和地区分别是香港（中国）、澳门（中国）、英属维尔京群岛、新加坡、日本、荷兰、美国、开曼群岛、英国、萨摩亚。

在服务业合作方面，通过落实 CEPA 政策，促进了粤港澳大湾区的融合发展。人力资源合作取得成效，充分发挥粤港澳区域的人才优势和“互联网＋”的突出作用，积极搭建“区域人才网联盟平台”。目前已涵盖泛广东、广西、湖南、四川、江西、贵州、云南、海南、福建 9 省及香港、澳门地区在内的政府人才网站，为用人单位与人才提供更加便捷、高效的沟通渠道，实现了区域内各省（区）市人才网站的信息贯通、资源共享和技术合作。并率先实行粤港澳职业技能鉴定“一试三证”乃至“一试多证”。“一试三证”人才培养评价模式是指考生通过一次职业资格考试，可同时获取国家职业资格证书及香港、澳门官方认证和国际权威认证。目前已在粤港澳区域开展“一试多证”考试共 66 批 1385 人次，考试项目从美容师发展至养老护理员等 8 个职业。国家职业技能鉴定考试合作已被全力推动。2016 年 1 月至 9 月，广东省人社厅在港澳地区共组织开展国家职业技能鉴定考试 54 批次，考试人数 800 人次，港澳地区历年来累计考试人数已突破1.5万人。有力地推动国家职业资格证书制度在港澳地区的发展。教育合作取得新突破,粤港澳教育交流得地利人缘之便,交流规模之大、合作程度之深,在全国区域教育交流合作方面可算得上一枝独秀。目前,广东省承担全国唯一涉港澳的国家级教育体制综合改革试点,"加强内地与港澳知名高校合作办学",全国3所与港澳合作举办的高校有2所在广东省办学,即北京师范大学和香港浸会大学合作办学(珠海)和香港中文大学(深圳);另外一所长江商学院的内地合作高校也是与广东省汕头大学合作。2015年广东省高校招收港澳学生11536人,约占全国的1/2;缔结粤港澳姊妹学校数400对,约占全国的2/3以上;每年接待的港澳中小学生规模约5万人,占全国的4/5。并积极推进粤港澳教师交流合作项目,积极推进粤港语言教师(英语、普通话)培训项目、香港英文教师内地协作计划、赴港(澳)教学指导项目、赴澳门教学评鉴项目,并会同粤港澳教育行政部门探索教师跟岗培训项目。医疗服务合作有新进展,2012年7月,香港大学深圳医院开业,全面采用香港医院管理模式。2012年9月,香港服务提供者在深圳举办第一家外资专科医院得到卫生部批准。与此同时,澳门南湾医疗中心有限公司在广东省江门市投资筹建广东银葵医院进展顺利。2016年1月中山大学附属第一医院与澳门卫生局签署合作意向书,包括病例转介、远程医疗、人员培训及技术支援等,并探讨未来在器官移植方面的培训合作。广东省人民医院在2016年7月与澳门科技大学、澳门卫生局签署合作意向书。截至2016年6月30日,港澳服务提供者在粤设置的独资、合资医疗机构共有37家。在2016年9月的粤港联席会议上,粤港将签署《粤港医疗卫生交流合作安排》,全面推进粤港卫生医疗与合作工作。旅游合作取得新成就,港澳旅游兼具中西荟萃特色,粤港是内地游客的首选旅游胜地。近年来,在CEPA政策和"自由行"的作用下,前往港澳旅游的内地游客大幅增长。内地游客对港澳旅游业贡献巨大,港澳旅游收入也因此增长。2015年,经广东口岸入境的香港游客 7383 多万人次，澳门游客 2285 多万人次；全省旅行社组团出境游客赴香港 331.93 万人次，赴澳门 135.63 万人次；2016 年 1—7 月广东全省接待入境过夜旅游人数约 1836.81 万人次，同比增长 4.98%，其中香港同胞 1135.09 万人次，增长 7.08%；澳门同胞 127.34 万人次，增长 5.5%，港澳入境过夜游客占到了广东全省入境过夜游客的近 7 成。

在金融交流合作方面，粤港澳金融机构互设步伐加快。截至 2016 年 6 月末，港资的银行机构在广东设立营业性机构 170 家，其中异地支行 65 家，实现了港资银行对广东省的全覆盖，澳资银行机构在横琴设立了 1 家代表处；广东法人机构中招商银行、平安银行、广发银行和东莞银行已先后在香港设立分行或代表处，招商银行全资控股香港永隆银行，越秀集团收购香港创兴银行 75%的股份。广东证券期货经营机构在香港共设立 7 家证券公司、9 家基金公司、3 家期货公司、1 家股权管理公司，在粤的港资证券机构代表处共 9 家，广州设立了广州广证恒生证券投资咨询有限公司。汇丰人寿保险有限公司广东分公司于 2015 年 12 月正式开业，目前，广东有港资入股的保险专业中介公司 4 家，香港保险公司驻粤代表处 4 家。跨境人民币业务创新发展，截至 2016 年 6 月末，广东跨境人民币结算金额累计达 10.31 万亿元，其中与港澳跨境人民币结算金融累计达 7.57 万亿。广东与港澳地区共通过跨境人民币资金集中运营业务发生跨境人民币结算 554 亿元，占广东全部跨境人民币资金集中运营业务的 89%。相关企业赴港发行人民币债券 55 亿元。南沙、前海、横琴跨境人民币试点业务累计备案金额超 1100 亿元，实际提款金额超 400 亿元。金融市场合作和对接不断深入，广东省共有 13 家证券、基金类香港子公司和 2 家基金、期货类英国子公司累计获批 RQFII 额度 1113 亿元人民币，占同期全部 RQFII 获批宽额度的 21.91%。广东省在香港上市的企业共有 204 家，居全国首位，有 6 家在粤港资企业在境内上市。“深港通”于 2016 年 12 月 5 日开通，使得港股及内地A股市场的互联互通机制进一步扩大。深港通覆盖市值大于50亿元的恒生综合小型股指数的成分股，以及有A股在深圳交易所上市的H股。深港通将进一步扩大上市公司的投资者基数、内地与香港股票市场互联互通的投资标的范围和额度，满足投资者多样化的跨境投资以及风险管理需求，使内地和香港市场的投资互动更加多元化。在当今人民币国际化的开放时代，“深港通”搭建了金融共同市场平台，吸引更多的境外长期资金进入A股市场，改善A股市场投资者结构，促进经济转型升级，在扩展人民币在贸易结算和定价支付领域的使用上进行积极探索。投融资业务便利化不断促进，截至2016年6月末，共有6家在粤的港澳资跨国集团办理外汇资金集中运营管理业务，集中外债和放款额度分别为7.3亿美元和5.6亿美元。如横琴落实国家政策，上调区内企业境外放款额度到50%，放款金额累计达3.6亿美元，企业全部位于香港地区。横琴港澳居民跨境住房按揭业务快速发展，个人跨境按揭业务累计收汇5.9亿美元。金融基础设施实现互联互通，粤港跨境缴费通业务顺利开展、银联卡境外受理商户人民币清算业务率先在香港开设试点。如横琴在国内首发银联多币卡，粤港澳实现多币种同城支付。横琴特许机构刷卡兑换业务在全国率先启动、粤澳双方将共同推进同城化清算系统的建设。横琴莲花大桥穿梭巴士受理金融IC卡项目作为跨境支付工具，被列入广东自贸区首批可复制推广经验27项改革创新措施之一。2016年7月，广东自贸区又推出一项金融创新举措，在全国率先实现香港电子支票的跨境托收，进一步便利跨境支付。

在经济全球化和区域经济一体化深入发展，国际金融危机的影响与尚未解决的结构性矛盾交织在一起，中美贸易摩擦对广东经济发展有较大不确定性，经济发展活力不足，经济面临较大的下行压力。珠三角发展领先，粤东西北相对较缓，区域增速差异有所扩大，深层次结构性矛盾和问题进一步显现。主要表现是：产业层次总体偏低，先进制造业发展质量不高,创新能力不足,整体竞争力不强;土地开发强度过高,环境污染问题比较突出,资源环境约束凸显,传统发展模式难以持续;地方非法金融活动风险隐患较多,金融和房地产领域防范风险的压力仍较大;行政管理体制、社会管理体制等方面的改革任务仍然繁重,改革攻坚难度越来越大;粤港澳区域体制机制不对接,协调合作难度大;港澳特区政府在自身利益诉求与广东省不相一致时,往往绕过广东与中央高层进行直接对话来实现想要达到的目的;粤港澳区域在社会管理体制和服务体系建设方面还存在着较大差距,区域资质互认和评估标准差别较大,致使区域内的人员、资金、信息等各种资源难以自由流动;等等。特别是近年来,随着经济全球化、区域经济一体化的深入发展,香港的营商环境优势持续弱化、产业基础收窄、先进制造业规模偏小、劳动力资源不匹配、人口老龄化加速及人文资源匮乏、拼搏创新精神趋弱等,都严重制约着香港经济的长远发展。澳门则受地域、市场、经济基础、劳动力素质、资本环境等"先天"条件的限制,经济结构过于单一,生产要素配置有待完善等深层次问题日渐显现。随着港澳经济内部存在的矛盾和问题逐渐累积,港澳原有的部分竞争优势有所削弱,对区域经济的辐射带动效应减弱。

香港、澳门回归以来,广东为落实"一国两制"的基本政策,积极与香港、澳门在各个领域开展了多方面合作,取得了显著成效,为粤港澳进一步融合发展奠定了基础。香港要维护和提升国际金融、贸易、航运中心地位要有发展新思路,借助珠三角产业转型升级的契机,使服务业向珠三角延伸和拓展空间,避免未来出现地位边缘化等问题。澳门要保持经济的活力和经济多元化,必须借助内地周边腹地,大力加强同珠海和广东的经济合作,借助于延伸空间,挖掘澳门经济发展潜力。粤港澳在新时期中已经成为命运共同体,携手站在新的历史起跑线上。粤港澳大湾区要形成资源互补、梯度发展、产业关联的多层次产业圈,综合实力将位居世界湾区的前列,成为带动全国发展的一个强大引擎。

二、以科技创新为引领，促进生产要素自由流动，打造国际产业创新中心和国际金融中心

粤港澳大湾区是两种制度交汇的区域，可以充分发挥两种制度的优势，推动湾区制度创新。粤港澳大湾区内的前海、横琴、南沙三大自贸区可以引入港澳的一些管理体制和社会治理模式，引领泛珠三角制度创新。同时，港澳可以对内地企业、居民进入实行国民待遇，吸引内地企业投资和人才迁入。推动大湾区制度创新，创新相应的管理体制和机制，使市场在资源配置中起决定性作用，依靠规范化的制度，较低的制度交易成本，公平的监管和司法环境，周到完善的服务等吸引企业投资。推动科技创新，重点鼓励原始创新，集成创新，鼓励企业、研究机构加大研发投入，这需要财政和税收政策予以支持。在收入分配制度、股权激励、人员调动、户口和家属迁入、子女入学等方面调动研发人员积极性。加强产业协作，整合延伸产业链条，推进产业链上下游深度合作，培育形成优势互补、分工合理、布局优化的先进产业集群。顺应“互联网+”发展趋势，积极推进制造业数字化、网络化和智能化。完善区域制造业创新体系和产业协作体系，改造提升现有制造业集聚区，推进新型工业化产业示范基地建设，将广海湾新区打造成为“中国制造2025”转型升级示范区和世界先进制造业基地。

围绕产业链构建开放型创新体系。以“一带一路”建设推动区域重点领域深化改革，探索建设海上丝绸之路综合试验区，实施创新能力提升工程。在重点领域联合共建一批技术创新平台和企业技术中心，联合开展产业重大共性科技攻关。搭建研究基础设施、科学数据和科技资源互联共享平台。共同培育壮大企业技术创新主体，完善成果转化服务体系。促进科技人员交流，共同提升科技创新能力。共建一批国际技术转移中心，促进我国先进实用技术转移。依托湾区内大学和企业集团总部等高校和科研机构力量，鼓励和引导国内外高校、科研机构、企业等在新区建立技术转移中心、科技创新园和成果转化基地。完

善国际合作机制，健全科技合作孵化体系，培育一批科技企业合作孵化器，完善军民协同创新机制，促进军民协同创新，推进军民技术双向转移和转化应用。要把优化环境、提升服务作为着力点和突破口，营造依法规范的政务环境、公平有序的市场环境、天蓝地绿的生态环境，促进国内外企业更多更好地在新区投资兴业、合作共赢，切实创新开放合作体制机制，大力发展众创空间，完善创新服务体系，为各类创新主体搭建创新平台，提供优质服务。

促进战略性新兴产业跨区域创新。立足新区比较优势，瞄准国外市场，结合区域内产业结构调整，高起点承接国内外产业转移。创新产业园区管理体制机制，探索委托战略投资者和跨国公司成片开发等多元化开发机制，建设中外双多边合作产业园区和区域合作园区。充分利用大湾区先进制造业基础和港口条件，坚持走新型工业化道路，重点发展临港装备制造、电子信息、新材料等资金技术密集、关联度高、带动性强的先进制造产业。依托湾区装备制造基地，大力发展轨道交通车辆总装、制造及研发产业，信息产业、电子、通信产业，建设海洋工程、新能源、新材料、生物产业和先进制造业等产业集群。大力发展先进制造业，着力提升产业配套能力，推进工业化、信息化深度融合发展，打造先进制造业基地。大力发展新能源装备与新材料，培育形成以先进储能材料、太阳能新材料为主导的新材料产业体系。大力发展新能源与循环经济产业，重点发展电子信息、智能电网设备及并网服务产业，加快建设环保先进装备制造基地。大力推进军民融合，在新区设立军民融合示范区。

拓展现代服务业合作领域。服务业是海上丝绸之路综合试验区建设的重要支撑，要大力推进新区生产性服务业和生活性服务业发展，重点合作领域是科技服务、信息服务、现代物流等新型服务业。深化金融业合作，借鉴香港、澳门、内地自由贸易区和国家级新区金融发展模式，在跨境金融结算、货币和资本项目的自由兑换等领域取得突破性进展，建设海上丝绸之路重要的金融服务中心、国家数据金融金库。加快建设广海湾新城总部经济合作区，形成一批企业总部、贸易总部等。加强综合物流园区和专业物流中心的建设，建立陆路国际港务区，实行港口内移，就地办单，海铁水联运，公铁水联运，铁空联运，构建功能完备的现代物流体系。

实现新常态下的新发展，不能再走靠资源要素大规模投入而不是靠提高生产效率的工业化道路，必须实施深化改革、创新驱动战略，提高生产力和综合实力，提高经济运行的效率，提高资源的空间配置效率。打造粤港澳大湾区，培育一批具有国际竞争力的创新型企业和产业集群，让各类发展资源在空间上的配置更加合理，以更智慧的工业化升级推动大湾区有效增强未来核心竞争优势。大湾区工业化发展的总体路径是要抢先抓住以互（物）联网技术、生物技术、新能源技术、新材料技术等交叉融合引发的全球新一轮科技革命与产业变革重大机遇，充分利用区内制造业及互联网产业的领先优势，加快推动工业化沿着"服务化互动、信息化融合、绿色化转型"三大智慧化发展方向升级转型，即着力推进先进制造业与现代服务业互促发展，克服产业空心化或低附加值化的两端风险，形成制造业与服务业双轮驱动的新格局；着力推进工业化与信息化的深度融合，重点发展以智慧产业为代表的高融合性高成长性新兴产业，形成支撑未来10到30年持续领先优势的世界级主导产业；着力推进低碳绿色节能技术对传统制造业的全面改造换代，从源头上扼制环境和生态破坏，形成经济社会生态良性互动发展新模式，最终以更智能化的工业化升级，全面增强粤港澳大湾区经济社会的持续发展能力与未来竞争优势。表3-1反映了2015年四大湾区产业结构和贸易结构情况。

表 3-1　2015 年四大湾区产业结构和贸易结构对照表

湾区名称	产业构成（第三产业比重）	初始产业	代表产业	发展方向
粤港澳大湾区	55.6％	对外贸易	金融、航运、电子、互联网	全球创新发展高地
东京湾区	80％以上	制造业创新	装备制造、钢铁、化工、物流	日本核心临港工业带
旧金山湾区	80％以上	贸易、科技创新	电子、互联网、生物	全球高新科技研发中心
纽约湾区	89.4％	港口贸易	金融、航运、计算机	世界金融核心中枢

三、以深化改革为动力，发挥市场在资源配置中的决定性作用，推动大湾区稳步跨入富裕型高收入经济区

党的十九大报告，把全面深化改革总目标纳入习近平新时代中国特色社会主义思想范畴，把坚持全面深化改革作为构成新时代坚持和发展中国特色社会主义的基本方略的重要内容之一，已经展示了中国全面深化改革前所未有的决心和力度，传递出中国改革正朝着领域更广、举措更多、力度更强的新阶段迈进的强烈信号。

大湾区正处于上中等收入经济区向高收入经济区迈进的门槛阶段（见表 3-2）。处于这样一个分水岭，其后的经济增长趋势如何巩固、区域差距如何缩小、经济发展模式如何加快扭转，如何顺利翻越高收入之墙，意味着真正的巨大的挑战的开始。

表 3-2　2015 年全球湾区数据

湾区/地区	人口/亿人	占地面积/万平方千米	GDP/万亿美元	人均 GDP/美元
纽约湾区	2340	3.35	1.52	59829
旧金山湾区	715	1.79	0.65	111888
东京湾区	4347	0.97	2.48	41408
粤港澳大湾区	6671	18.08	1.50	20387
其中:香港	732	0.11	0.32	43716
澳门	65	0.003	0.05	76923

资料来源:中国指数研究院。

深化改革是应对上述挑战、推进经济增长模式转型的唯一出路。广东是我国改革开放的领跑者,我国三个最绚丽的春天故事,都与广东有着不解之缘:1992 年春天邓小平来到广东发表了著名的南方讲话;2000 年春天江泽民来到广东,提出了“三个代表”重要思想;2003 年春天胡锦涛来到广东,提出了科学发展观的重大战略思想。这绝非历史的偶然。这说明广东一直站在时代发展的前沿,担当着中国改革开放的排头兵。广东经济社会发展取得重大成就,为继续前进创造了重要优势、打下了坚实基础。从国内外经济形势看,下一个 10 年,粤港澳大湾区仍处于可以大有作为的重要战略机遇期、处于经济转型上升期,正进入高收入的富裕型发展阶段,将成为实现第二个“一百年”目标和中华民族伟大复兴中国梦开启里程碑式的新起点、领航人。大湾区要认真总结改革开放以来广东好的经验、好的做法,找出制约大湾区科学发展的矛盾和问题,科学把握大湾区面临的机遇与挑战,清醒地认识和把握大湾区发展所处的历史方位,清晰地认识和把握大湾区发展的阶段性特征,科学谋划未来大湾区各方面的工作。这就必须坚持和完善中国特色社会主义制度,不断推进国家治理体系和治理能力现代化,坚决破除一切不合时宜的思想观念和体制机制弊端,突破利益固化的藩篱,吸收人类文明有益成果,构建系统完备、科学规范、运行有效的制度体系，充分发挥我国社会主义制度优越性。

新阶段的市场化改革不再是简单的支持某个市场，而是涉及政府、市场、社会等多个决策群体的系统化改革，要依托深圳经济特区、广州国家级新区、前海国家综合配套改革试验区、广东自由贸易试验区等体制机制优势以及港澳在全国改革开放和现代化建设中的特殊作用，在完善社会主义市场经济体制、推进国家治理体系和治理能力现代化等方面积极开展先行先试，为全国深化改革、扩大开放积累经验。“十三五”时期，湾区要重点在政府职能转变、产业市场准入、要素配置改革等互为掣肘又互为促进的市场体制改革等方面取得协同突破，率先构建可充分发挥企业活力的完整的现代市场体系。加快在以社会治理多元、公共服务均衡、阶层差异可控等为重点的社会体制改革上取得重大进展。深化机构和行政体制改革，在统筹考虑各类机构设置，科学配置党政部门及内设机构权力、明确职责；统筹使用各类编制资源，形成科学合理的管理体制；转变政府职能，深化简政放权，创新监管方式，增强政府公信力和执行力，建设人民满意的服务型政府；深化事业单位改革，强化公益属性，推进政事分开、事企分开、管办分离等方面取得突破。

实施负面清单制度。实行高水平的贸易和投资自由化便利化政策，全面实行准入前国民待遇加负面清单管理制度，大幅度放宽市场准入，扩大服务业对外开放，保护外商投资合法权益。凡是在我国境内注册的企业，都要一视同仁、平等对待。在贸易和投资上，按计划逐步实行准入前国民待遇＋负面清单制度，并适应负面清单制度要求，进行管理体制和监管制度改革。负面清单之外的市场准入和监管，适用法律规定和要求，即所有的企业和行业准入从审批、管制和限制、禁止转变为采取审批和备案。审批项目极少，其他是备案，但行业准入和技术标准，安全、质量、信用、劳工、环境、生态、污染等门槛准入管理，对企业开业后产品出现的问题和消费纠纷、投诉等，有相应的法律处理规定和要求，各种新行业、未穷尽行业都适用这类标准，企业和监管部门都要承担起相应的法律责任。着力推进市场准入负面清单、政府审批权力清单、政府责任清单、部门收税和收费清单、政府服务内容清单等。

推动事中事后监管制度改革。借鉴香港、澳门以及发达地区的一些管理制度，在地方权限范围内，试行建立以市场监管和行为监管为内容的事中事后监管体制。比如民间金融和互联网金融，地方政府完全可以建立市场准入制度和管理制度，并制定相应的地方法律法规，进行事中事后监管。目前，涉及跨界业务和行为，缺乏明确部门监管的行为等，都可以授权地方立法，围绕市场行为和市场秩序的建立和完善在地方进行先行先试。管理监管围绕过程、事后、问责和追责等进行检查、监督、处罚，接受举报、信访、访谈，同时，强化政府服务意识和制度，通过内部审计、媒体、公众监督和督察确保权力阳光运行。

加强政府、社会、个人服务改革。率先全面推进政府部门运用云计算、大数据和互联网进行管理和服务，运用行为痕迹数据进行管理和服务；借鉴和学习香港、澳门政府服务，制定服务业准入和行为规范法律法规等管理制度，大力改进政府服务，社会组织服务，将政府服务、社会组织服务和个人服务职业化、产业化，并建立起相应的管理制度和法律法规，使政府、社会组织和个人服务，部门监管和处罚有法可依。同时，要把政府目前所提供的服务进行规范化、制度化、法律化。减少政府对社会管理和服务的行政干预，减少政府的包揽，让法律和制度规范去调节社会行为及社区治理。

探讨设立自由贸易港，加快自贸区改革。要以“一带一路”建设为重点，坚持引进来和走出去并重，遵循共商共建共享原则，加强创新能力开放合作，形成陆海内外联动、东西双向互济的开放格局。拓展对外贸易，培育贸易新业态、新模式，推进贸易强国建设。优化区域开放布局，加大粤东西北地区开放力度。建议在江门铜鼓设立自由贸易港和“香港飞地”。赋予自由贸易试验区更大的改革自主权，探索建设自由贸易港。创新对外投资方式，促进国际产能合作，形成面向全球的贸易、投融资、生产、服务网络，加快培育国际经济合作和竞争新优势。

建立信息化共享通关，将香港、澳门和内地的关税部门、检验检疫部门联网，统一、认同通关标准，对方海关、检验检疫放行出关，本地则认同。建立高标准的通关标准，提升产品质量要求，对高质量高标准的产品实行通关免检，一旦检查发现问题，则从重处罚，直至取消进出口资格。加强对知识产权的保护，逐步探索知识产权保护的国际接轨，允许广东进行知识产权保护的地方立法和执法，大幅度提高对侵权的惩罚力度和赔偿标准，消除地方保护主义，切实保护创新、创业者的研发投入和知识产权，让创新、研发企业带动社会转型升级。积极探索大湾区知识产权保护标准和规则的相互认同。

推进土地制度改革。土地制度改革涉及地方财政运行模式，要让地方政府尽快从土地财政中摆脱出来，降低土地和房地产价格，让企业将更多资金用于产业研发投入和创新，让消费者有更多的购买能力购买消费品。降低企业土地和住房成本，吸引香港企业投资和人才来入住。

探索构建与大湾区社会特征与人口素质相契合的新型社会治理体系；着力在粤港澳分工协调、区划分割弱化、建立统一市场体系等改革上取得显著成效，创新构建有效融合顶层设计与基层创新的政府高效协作体系，最终为大湾区在新时期保持快速发展、经济社会整体水平迈向富裕型高收入经济区建立坚实的体制优势，奠定制度基础。

四、以推动生产力布局调整为切入点，大力发展现代城乡文明

城市竞争的未来是核心城市及以其为枢纽的城市群或都市经济区之间的竞争。大湾区在新阶段的城市化不应再是工业化的结果，而是集聚高级要素、助推结构升级、打破城乡分割、化解社会差距的综合枢纽。当前要站在“一带一路”甚至世界湾区的视野高度，调整优化生产力布局和城市空间结构。

在创新城市发展模式上，建设创新发展大湾区。创新城市建设发展模式，加强和创新社会管理，提高城镇化质量，改善人居环境，建设国际化山水田园生态城市。创新产业发展模式，推进工业化、信息化深度融合发展，高起点承接国内外产业转移，建设国家重要的先进制造业、战略性新兴产业基地。推进科技创新，大幅提升自主创新能力，构建区域创新体系。要大力推动创新型经济蓬勃发展，创新型人才加速集聚，创新型环境不断优化，创新型活力充分释放。要在城市质量上见水平，在信息化建设上赶超，加强“智慧城市”“数字城市”建设，不断提高城市建设水平，增强城市发展活力。

在文化传承上，要增强文化内涵和品牌效应。没有文化传承，城市就成了没有情感和精神的建筑集合体。大湾区历史悠远、文化厚重，要挖掘大湾区文化的血脉，结合现代城市元素，突出和彰显岭南文化的特质、特点和特色，依山就势，遵从自然，塑造新型城市空间形态。充分发挥自然山水、民族人文资源优势，既要为现代化开辟空间，又要给历史遗存留足地盘，统筹考虑历史文脉的延伸，做到历史传承与现代风貌相得益彰，努力打造有历史记忆、文化脉络、地域特色、民族特点的新型城市。

在生态文明建设上，着力建设生态文明示范区。坚持生态文明理念，把生态文明建设放在突出地位，按照主体功能区划要求、绿色化要求，调整优化人口、经济与资源环境的空间匹配关系，实现国土开发与生态环境协调发展。要总结和推广生态文明城市建设经验，促进生产空间集约高效、生活空间宜居适度、生态空间山清水秀。要开展生态文明示范，建设人民生活富足、生态环境优美、城市空间宜居的现代化生态文明新区。

在创新社会治理体制上，加强城市社会治理。要顺应城市社会结构变化趋势，创新社会治理体制，以网格化管理、社会化服务为方向，健全基层综合服务管理平台，激发社会组织活力，实现政府治理和社会自我调节，居民自治良性互动，创建安全、和谐、稳定的社会环境。

按照促进区域协调发展的战略要求，建立更加有效的区域协调发展新机制，创新引领、率先实现珠三角地区优化发展。通过调整珠三角地区的生产力空间布局，寻找新的空间承载区，疏解广州、深圳城市功能，破解区域发展不平衡不充分问题，从而带动粤西和西南地区乃至全国经济社会发展，有利于东中西部互动合作，深入推进国际产能合作，加快珠三角地区转型升级，培育区域经济增长新引擎，把中国经济持续向前推进。

广州、深圳为广东省两大城市核心，优先推进中心城区现代服务业高端化和国际化发展，大力强化核心城市在凝聚全球高级要素、率先转向创新驱动、催生国际领先产业、获取国际竞争优势的城市高级功能，使广州、深圳成为世界级珠三角城市群中的中心城市。要突破县域、市域行政区划思维羁绊，加快推进东莞、佛山、江门、珠海等城市区建设进程，设立大广海湾区国家级新区，推动大湾区的市区经济战略升级，探索以整个都市经济区为新的单位治理空间，统筹考虑户籍制度改革、县市财政制度改革、要素自由流动改革等改革事项，系统安排规划共绘、交通共连和服务共享等决策事项，一揽子通盘考虑高级要素载体、产业协调布局、土地供给优化、公共服务共享、就业机会均衡、收入差距缩小等在传统市域、县域区划内难以解决又相互交织的经济社会民生发展结构性难题，带动大湾区加快进阶成熟城市社会，全面展现现代都市文明。加大城乡统筹发展力度，推动城乡规划一体化，促进公共资源在城乡发展中的优化配置，进一步实现产业发展城乡联动、基础设施城乡配套、公共服务城乡均衡、社会保障城乡覆盖、行政管理城乡一体。

五、以广州、江门、湛江、汕头为重要节点，实现陆海统筹、东西联动，打造经略南海战略基地

从世界范围看，发展海洋经济是未来经济发展的趋势。从中国国情看，发展海洋经济，是建设海洋强国的必由之路。建设世界一流湾

区，必须牢固树立蓝色经济发展理念，坚持陆海统筹、科学开发，大力发展海洋经济，提升海洋空间资源开发利用水平，构建陆海协调、人海和谐的海洋空间发展新格局。要围绕国家战略需求，加快发展战略性海洋高技术产业，在海洋管理、海洋开发等关键技术领域取得重要突破，促进我国经济结构深度调整，带动传统产业改造升级，提升我国海洋产业竞争实力，有效缓解国民经济建设短缺的资源瓶颈，保护海洋资源环境。目前发展海洋经济的基础还比较薄弱，海洋科技创新能力还不够强，海洋环境保护压力与日俱增，亟须在发展改革中加以破解。

大力发展海洋工程装备产业。当前世界海洋工程装备技术呈现向深水、大型化和自动化方向发展的趋势，国内外与之配套的海洋工程装备需求已经呈现出快速增长态势。海洋工程装备产业已成为湾区建设的重要组成部分，发展潜力巨大。针对国际海洋工程装备产业发展现状和趋势，在大湾区建设海洋工程与装备研究院，全面提升大湾区海洋工程装备前端工程设计和基本设计能力。推进船舶与海洋工程装备制造基地建设，在江门建设深海海洋装备试验和装配基地，加快大型深水海洋工程装备建设，提升产业规模和技术水平。鼓励引导骨干企业和研发机构等建立海洋工程装备产业联盟，形成利益共同体，在科研开发、市场开拓、业务分包等方面深入合作，实现重大技术突破和科技成果产业化。广泛开展对外合作，鼓励境外企业和研发机构在大湾区独立或合资建立装备研发创新机构。加快培养海洋工程装备领域的国内国际一流专家，壮大海洋工程装备高端人才队伍，把大湾区打造成具有国际竞争力的综合性海洋装备制造业基地。

着力发展海洋生物制品与医药产业。大力发展生物医药、蓝色生物医药、生命健康科技等生物产业。建设国家健康科技产业基地、华南现代中医药城以及生物医药科技产业园。建立海洋生物和药物资源样品库，推进海洋生物产业公共服务及创新平台建设。加强用于生产海洋药物与生物制品的动植物养殖培育，积极推进海洋生物酶制剂、海洋生物功能材料和海洋绿色农用生物制剂等的研发与产业化。建立健全海洋生物制品研发、生产、检测的标准体系，提升海洋药物和生物制品生产装备的研发制造能力。积极发展海洋生物活性物质筛选技术，推进海洋微生物资源的研究开发。重点研究开发一批具有自主知识产权的海洋药物，大力开发一批技术含量高、市场占有量大、经济效益好的海洋中成药和海洋保健品。把大湾区打造成国际一流的海洋生物研发和科技产业中心。

积极发展海水综合利用产业。把发展大湾区海水综合利用作为战略性接续产业加以培植。积极发展海水直接利用和海水淡化技术，提高海水淡化技术自主化水平，降低成本，扩大海水利用产业规模，促进海水成为工业和生活设施用水的重要水源。加快建设滨海城市建设海水淡化示范工程，建设海水利用示范城市。推进电力、化工、石化等重点行业海水综合利用，大力推广海水直接作为工业用水和海水循环冷却。借助海洋生物种苗培育技术与海水淡化技术，培育开发可用海水灌溉的农作物，探索发展具有前沿性的“海水农业”。大力发展海洋可再生能源业。加快发展海洋能，利用大湾区丰富的海洋能资源，科学规划海洋能利用空间，重点建设一批国际领先水平的潮汐能电站、潮流能电站，建设海岛地区多能互补独立电力系统等示范工程，积极推进产业化进程。

加强海洋生态环境与资源保护。科学划定大湾区海洋生态红线，合理开发保护海洋资源，防止海洋污染和生态破坏，促进大湾区海洋经济可持续发展。构建大湾区蓝色生态屏障。针对大湾区沿海城市各自实际和特点，建立和完善一批海洋自然保护区，实施海洋生态保护及开发利用示范工程。严格实行休渔制度，建设珍稀濒危物种保护区。严格实行陆源污染物排海总量控制，严禁城市生活污水和垃圾直接排入海域。开展大湾区蓝色海湾综合整治工程，强化海洋污染防治和海洋生态保护，严格实行海水养殖环境准入制度，加强船舶、港口、航运、海洋工程等海上污染源管理。严格控制滩围垦和围填海，确保粤港澳大湾区大陆自然岸线保有率不低于35%。完善大湾区海洋生态环境监测系统与评价体系，提高防灾减灾和突发事故应对能力，加强大湾区与海洋环境保护的国际合作，参与维护国家海洋权益行动。

六、以更高端的全球化开放，深度融入“一带一路”获取新一轮开放红利

大湾区迄今为止的对外开放，产品上仍然停滞在以面向中低端市场的劳动密集型产品出口为主，动力上仍然停滞在以大湾区本地的企业为主，载体上仍然停滞在以较低层次的珠三角区域产业集群为主。面临长三角、京津冀等开放型经济持续高速发展的压力，大湾区既有内生开放的生命力优势，更有内生带来的路径惯性劣势，本质病症就在于对全球技术、人才、创新等新型高级要素的凝聚力、配置力和内外生融合力较差，区域发展不均衡，辐射带动能力不强，是一种单线、中心区域开放，因而必然面临动力衰竭。

当前和今后一段时间或更长时期内，大湾区的全球化需要首先在开放战略上实现从内源动力型向内外源混合动力型调整优化；在开放方式上从“中心开放”向“全境开放”转型升级，率先改革创新全国最优营商环境和接轨世界最新先进标准的国际投资规则环境，凝聚并推进国际高级要素与湾区和更大范围内的资源融合竞争；在开放平台上，立足广东自贸区和南沙、大广海国家级新区既有政策和地理优势，积极整合申报大广海自由贸易港区，形成与广东自由贸易区错位互补发展的世界级的珠三角自由贸易区新格局。加快推进跨境电子商务贸易自由化改革，打造全球跨境电子商务贸易综合试验区，促进大湾区在汲取全国新一轮开放的高级红利中占得先机，真正率先迈向高级版的全球化。

国家“十三五”规划纲要提出：“支持港澳在泛珠三角区域合作中发挥重要作用，推动粤港澳大湾区和跨省区重大合作平台建设。”这标志着粤港澳大湾区建设正式提升至国家战略层面。《国务院关于深化泛珠三角区域合作的指导意见》提出，应该“充分发挥广州、深圳在管理创

新、科技进步、产业升级、绿色发展等方面的辐射带动和示范作用，携手港澳共同打造粤港澳大湾区，建设世界级城市群”。“构建以粤港澳大湾区为龙头，以珠江—西江经济带为腹地，带动中南、西南地区发展，辐射东南亚、南亚的重要经济支撑带。”同时，粤港澳大湾区是“21 世纪海上丝绸之路”的战略要冲，是对接东南亚、南亚、中东、欧洲等“一带一路”国家的必经之地，也是国家经略南海最重要的战略支点。通过大湾区建设来倒逼深层次改革，创新开放型经济体制机制，大湾区主要城市加大科技创新力度，形成参与和引领国际合作竞争新优势，成为“一带一路”特别是“21 世纪海上丝绸之路”建设的排头兵和主力军，并发挥海外侨胞以及香港、澳门特别行政区独特优势作用，积极参与和助力“一带一路”建设，也为台湾地区参与“一带一路”建设做出妥善安排。

粤港澳大湾区拥有世界级的海港群、空港群，2015 年，集装箱吞吐量超过 7500 万标准箱，机场年旅客吞吐量约 1.8 亿人次，进出口贸易额约 1.5 万亿美元。经济总量超过 1.5 万亿美元，约是旧金山湾区的 2 倍，与东京湾区、纽约湾区的差距进一步缩小，具备跻身世界发达湾区经济的条件和基础。粤港澳作为经济较发达地区，在“一带一路”建设中要做出更大的贡献，起到先行引领和推动作用。2015 年 6 月广东率先出台了建设“一带一路”实施方案，提出将广东打造成为“一带一路”的战略枢纽、经贸合作中心和重要引擎。紧紧围绕制度创新这个主线，加快建设国际化、市场化和法治化的营商环境，形成新时期广东更高水平的对外开放格局。

在“一带一路”建设中，粤港澳有能力在跨境金融、航运物流、服务贸易、科技创新、经贸发展、湾区经济等合作领域取得突破，在更高层次上实现深度融合。在深化跨境金融合作方面，要加快跨境金融创新探索，推动人民币作为与“一带一路”沿线国家和地区投资、跨境贸易的主要货币。可以探索设立面向“一带一路”沿线国家和地区的人民币海外投贷基金，募集内地、港澳地区及海外机构和个人的人民币资金，为粤港澳企业“走出去”投资、并购提供人民币投融资服务。贯彻实施创新创业和创新发展，整合“一带一路”的资源和基础，加强产业内水平分工，通过新型产业分工合作模式推进区域协同转型升级，构建适应创新创业的合作机制。依托广东自贸试验区的南沙、前海蛇口和横琴三大支点，发挥集自贸区、经济特区、国家级新区、综合配套改革试验区等综合优势，加快形成粤港澳大湾区门户枢纽。围绕粤港澳合作，推动该区域基本率先实现服务贸易自由化，不断拓宽交流合作领域，积极引进港澳现代服务业，加快现代服务业发展，构建要素集聚、辐射带动作用强的现代服务体系，重点推进现代金融、现代物流、商贸会展、信息服务、科技服务、专业服务等服务业发展，建设具有国际影响力的现代服务业基地。并在此基础之上，推动粤港澳大湾区内基础设施互联互通。以深港世界级海港枢纽功能为依托，进一步增强深港组合港的全球航运中心功能，形成粤港澳超级港口群，拓展区域生产性服务中枢与亚太综合交通枢纽作用，强化大湾区国际贸易集成功能。深圳机场协同香港、广州机场，构建湾区内多层次航空运输体系，拓展航空配套服务市场，加强互利共赢，不断增强和扩大国际空港辐射功能。充分利用和发挥深圳及周边城市信息企业聚集、信息产业发达、信息技术领先的显著优势，加快规划布局一流信息基础设施，推动建设国际信息网络核心节点，增强粤港澳湾区国际信息港节点功能。

在“一带一路”框架下，粤港澳应当各自发挥优势，扮演好各自角色，在新的历史起点上打造合作新引擎、开拓新领域、建立新机制，形成各方融合发展的大格局和携手参与国家战略的合力。粤港澳大湾区强化了“一带一路”建设的布局，表明未来将追求更高层次的对外开放水平和更加重要的战略地位，更好地服务国家对外开放。

大湾区要立足湾区连接南亚、东南亚和沟通太平洋、印度洋的区位优势，充分发挥江门建设“21世纪海上丝绸之路”综合试验区作为“一带一路”门户、枢纽优势和海上合作战略支点功能，发挥港澳独特作用，共同推动“一带一路”建设，打造我国高水平参与国际合作的重要区域。推进同“一带一路”沿线国家和地区多领域务实多赢的合作。举办中欧、中美城镇化合作论坛，建立与欧美等发达国家和地区在经贸合作、城镇化发展等方面的定期交流机制。加强与东南亚域内各城镇、产业聚集区之间的合作。强化与东南亚国家之间的联系，结合区域特色、产业结构，打造一批面向东南亚、南亚市场的外向型产业基地。积极参与中国—东盟自贸区升级建设，推动中国—中南半岛、孟中印缅经济走廊建设。鼓励新区内有条件的企业共同参与境外经济贸易合作区建设，推进国际产能和装备制造业合作。

七、以生态文明为总要求，推动绿色发展，建设环保生态宜居湾区

坚持生态文明理念，把生态文明建设放在突出地位，按照主体功能区划要求、绿色化要求，调整优化人口、经济与资源环境的空间匹配关系，实现国土开发与生态环境协调发展。要总结和推广生态文明城市建设经验，促进生产空间集约高效、生活空间宜居适度、生态空间山清水秀。

突出生态文明理念，推进生态环境和应对气候变化合作，共建绿色经济走廊。加强生态环境保护、防灾减灾、应对气候变化等方面的政策交流和联合研究。严守生态保护红线，统筹规划建设绿化廊道和公共绿地，建设绿色生态宜居湾区。加强大气、水环境、土壤等环境保护治理，加大河流水系综合整治，推进森林公园建设和南湖湿地保护，大力发展循环经济和低碳经济，严格控制污染物排放总量。建立资源环境承载能力监测评价体系，实行承载能力监测预警。着力建设生态文明示范区，促进人与自然和谐发展，提升城市可持续发展能力，建成人民生活富足、生态环境优美、城市空间宜居的现代化生态新区。

大力保护海洋生态系统，逐步完善大广海湾海洋环境保护体系，推动海洋生态文明建设，实现海洋生态系统的可持续发展。加强江门中华白海豚省级自然保护区、乌猪洲海洋特别保护区、上下川岛中国龙虾

国家级水产种质资源保护区建设，加强大襟岛等地自然岸线、红树林、沿海滩涂和生物栖息地保护和修复力度。科学合理利用滩涂资源，加大海岛生态修复力度。统筹海岸带自然、人文、经济资源的开发保护，建设资源节约型、环境友好型用海新模式。

加大生态环境保护和修复力度。加强水源地森林保护，建设海滨观光型森林公园。严格保护红树林自然保护区，开展人工种植红树林，修复沿岸生态岸线。保护滨海湿地资源，依托丰富的森林、海洋、江湖、湿地、农田资源，构建隔离各个发展组团的生态保护屏障，形成生态型组团式发展格局。大力开展植树运动和植树造林工程，积极建设森林生态美丽家园。加强排水、供电、供气、供热、污水处理等市政设施建设，推进城市地下综合管廊建设，全方位提升城市综合服务功能。积极推进“智慧城市”“数字城市”建设，实现高速宽带无线网络全覆盖，在信息化建设上实行赶超，全面提升新区信息化水平。

实施乡村振兴战略。以山海水城、靓丽岸线、生态宜居、美丽湾区建设为目标，坚定不移走“绿水青山就是金山银山”科学发展之路，以更高的标准、更大的力度、更实的举措，加快实施乡村振兴战略，着力培育以美丽乡村精品村、美丽宜居示范村、海岛温泉旅游村、华侨文化村落、碉楼人文遗产村为重要节点，以沿景区、沿海岸带、沿产业带、沿山线、沿人文足道为轴线的美丽乡村风景线，点、线、面联动打造美丽乡村升级版，实现村庄全城景观化，争先进位，赶超跨越，为全国乡村振兴战略树立样板。

建设生态美丽宜居城市。要挖掘大湾区文化的血脉，结合现代城市元素，突出和彰显湾区文化的特质、特点和特色，依山就势，遵从自然，塑造新型城市空间形态。充分发挥自然山水、民族人文资源优势，既要为现代化开辟空间，又要给历史遗存留足地盘，统筹考虑历史文脉的延伸，做到历史传承与现代风貌相得益彰，努力打造有历史记忆、文化脉络、地域特貌、民族特点的新型城市。加强大湾区临海生态城市美景建设、国家及森林公园的建设、海域生态治理和城市空气治理，以及森林、河湖、湿地、草原、海洋等自然生态系统建设，修复生态功能，促进绿色发展。新在创新社会治理体制上，加强城市社会治理。要顺应城市社会结构变化趋势，创新社会治理体制，以网格化管理、社会化服务为方向，健全基层综合服务管理平台，激发社会组织活力，实现政府治理和社会自我调节，居民自治良性互动，创建安全、和谐、稳定的社会环境。

八、以补齐粤东西北地区发展短板作为当务之急，促进区域协调发展

习近平总书记指出“要坚持城乡统筹发展，坚持新型工业化、信息化、城镇化、农业现代化同步推进，实现城乡发展一体化。”“提高城乡发展一体化水平，要把解放和发展农村社会生产力、改善和提高广大农民群众生活水平作为根本的政策取向，加快形成以工促农、以城带乡、工农互惠、城乡一体的工农城乡关系。”坚持协调发展理念，注重均衡发展和整体效能，着力解决区域、城乡、经济和社会、物质文明和精神文明等方面的不平衡、不协调问题，努力在推动协调发展中拓宽发展空间。推进区域协调发展是个系统工程，广东省要做到协调发展，就必须补齐粤东西北地区发展短板。近年来，广东省大力实施粤东西北地区振兴发展战略，取得了显著成效。

2013 年 7 月，广东省委、省政府印发《关于进一步促进粤东西北地区振兴发展的决定》(粤发〔2013〕9 号)，旨在通过快速交通、产业园区和城区扩容三大抓手，力促粤东西北突破发展瓶颈。2013 年 11 月，珠三角和粤东西北地区的对口帮扶关系明确，由珠三角 6 市对口帮扶粤东西北 8 市：广州市对口帮扶梅州、清远市，深圳市对口帮扶河源、汕尾市，珠海市对口帮扶阳江市，佛山市对口帮扶云浮市，东莞市对口帮扶韶关市，中山市对口帮扶潮州市。2014 年，广东省政府又出台《关于财政支持稳定经济增长的政策措施》，设立 121 亿元的粤东西北振兴发展股权基金。经过三年的奋力拼搏，粤东西北地区经济增速快于全省，珠

三角地区保持优化发展，全省经济发展一年迈上一个台阶。

在推动城乡协调发展方面，广东出台新型城镇化“2511 计划”，选择 2 个地级市、5 个县区、10 个建制镇作为新型城镇化综合试点，选择 10 类项目作为新型城镇化专项试点。珠海、潮州市被列为省新型城镇化地级市综合试点，南雄市等 5 个县（市、区）被列为省新型城镇化县（市、区）综合试点，中山市小榄镇等 10 个镇被列为省新型城镇化镇综合试点，云浮市“一张蓝图”工程等 20 个项目被列为省新型城镇化专项试点。综合试点主要围绕破解农业转移人口融入城市难、城镇土地利用粗放低效、城镇空间结构不合理、城镇化资金保障不到位等问题展开。专项试点则以提高城镇化发展质量为关键环节，选择一批重大政策、重大工程为新型城镇化建设提供借鉴和示范。

在推动区域协调发展方面。原广东省委书记胡春华在省委十一届五次全会的讲话中明确地指出了三块发展的“短板”——要补齐粤东西北地区发展的短板，补齐民生社会事业发展的短板，补齐扶贫开发的短板。消除基础设施特别是交通的瓶颈，加强粤东西北高等级网络的公路、港口、航空等建设。实现国家高速网广东段基本贯通。2020 年实现市市通高铁目标。制定实施民用机场发展规划。产业小、微、散、低是粤东西北产业的基本状态。部分地区重视数量而忽视质量，产业园定位不够清晰，“拼盘式”引进产业的问题较为突出，主导产业及相关产业链尚未成形，很难形成产业集聚。如何帮助粤东西北把产业做大做强，在产业园区建设上，加大力度推动招商引资、项目落地，加快培育骨干企业，努力形成若干产业集群，使园区建设能够获得实实在在的成效，初步形成带动地方发展的经济增长极。由于新时期经济社会的新变化、新要求，园区形态和建设运营模式已由第一代园区、第二代园区发展到了“生产＋生活＋生态”的第三代园区。粤东西北原来是以农业为主，有大量的农村剩余人口，跟全省相比，城镇化水平不够，主城区的扩容也在做，但公共服务的推广还跟不上。在推进粤东西北地区积极推进工业化的同时，加大城市基础设施建设力度，打造有本地特色的城市群，大力发展第三产业，拓展非农就业岗位，促进市区内第一产业就业人口向二、三产业转移，加快市区人口非农化进程，增加城市吸引力，大幅提高中心城区人口聚集度，逐步缓解城市人口高度集中珠三角地区的格局。

但是，广东区域发展不平衡问题突出，在区域发展过程中存在着"马太效应"。发展较快的区域经济增长速度越来越快，而相对落后的地区则更加缓慢，两极分化现象愈发明显，区域之间经济增长差异有进一步扩大趋势。粤东西北地区无论是在经济总量上，还是在教育、卫生、文化等公共服务资源配置上都存在明显差距。2016 年广东区域发展差异系数为 0.628，在全国处于前几位，因此推动粤东西北地区和农村加快发展是广东省实现全面建成小康社会目标的当务之急和重中之重。

从大湾区经济信息联系看，经济、信息联系紧密的城市都主要集中在香港、澳门及珠三角的核心区（广州、深圳、佛山、东莞、中山、珠海等）。其他城市与这些城市联系较弱，区域差距较大，且两两之间联系较弱。香港、澳门及珠三角的核心区是粤港澳大湾区的核心增长极。

从人均 GDP、人口、城镇化率、三产结构等常规发展要素看，首先，从人均 GDP 来说，湾区经济发展水平较高的区域主要集中在香港、澳门、深圳等城市，这些城市属于第一梯队。广州、佛山、中山、珠海基本处于同一水平，属于第二梯队。上述城市共同构成了粤港澳大湾区的核心增长极。外围的惠州、东莞、肇庆、江门、阳江、茂名等城市属于第三梯队。清远、韶关、河源等城市处于区域中的较低水平。从人均 GDP 的空间结构可以判断粤港澳大湾区的经济发展呈现出典型的"圈层结构"模式，从县域人均 GDP 来看，经济发展的圈层空间结构更加明显。

从人口与城镇化率来看，人口集中的地方主要在广州、深圳、东莞、香港、茂名、湛江、揭阳等城市，其他的一些城市人口数量相近，总的来说，粤港澳大湾区人口分布呈现出"核心—边缘"的空间结构模式。但人口的数量与其城镇化率并不相匹配。可以看到，城镇化率高的地方主要集中在珠三角城市群及香港、澳门等地，诸如深圳、香港、澳门都已实现全域城镇化，广州、佛山、中山、珠海、东莞等城市的城镇化率基本都在85%以上，外围城市城镇化率较低。实际上，粤港澳大湾区的城镇化率呈现出的也是“核心—边缘”的空间结构模式。

从区域产业结构来说，第一产业主要分布在粤港澳大湾区的两翼。第二产业主要分布在区域的中部地区，如佛山、深圳、中山、惠州等城市。第三产业主要分布在香港、澳门、广州等城市。从整体来看，粤港澳大湾区三大产业的空间结构模式可总结为一、二产占主导地位，分别分布在两翼与中部，三产集中在几个核心城市。

促进粤东、粤西、粤北地区的振兴发展，关系广东科学发展全局，不仅涉及实现“两个率先”的宏伟目标，也涉及珠三角地区加快经济转型升级和中国社会主义现代化建设全局。因此，缩小区域发展差距，关系广东和大湾区的长远发展。

第四章　粤港澳大湾区空间格局思考

粤港澳大湾区是战略要冲，是南大门，具有举足轻重的战略地位。粤港澳大湾区建设世界级城市群，是我国第一个在“一国两制”框架下的跨行政区规划，这要求城市空间必须以更开放的视野和空间承载城市功能和品质。发展条件与规划空间范围是以华南沿海湾区优越自然地理区位和已形成的城市群为依托，包括广州、深圳、香港、澳门和粤东西北地区，规划国土面积约 18 万平方千米（其中海域面积 85 平方千米）。2016 年地区生产总值 10.4 万亿元，总人口 1.15 亿人，分别约占全国的 13.9%、8.5%。以香港和广州两个城市为起点，初步成长为城镇化率达到 86%的世界级城市群。

要进一步优化城市空间布局，严格控制特大城市人口规模，重点发展新城，积极培育小城市和小城镇发展，使湾区城市空间布局由单核向多组团发展，由圈层式向网络化发展，建成大、中、小城市协调发展的都市圈。

第一节　城市空间布局优化面临新挑战

随着经济全球化和区域一体化不断深入发展，以及我国经济发展进入新常态和“一带一路”、区域协同发展等国家战略布局的实施，这使湾区城市空间布局的外部影响因素发生众多变化。同时，珠三角作为超大城市群，面临着城市本身土地、人口、生态等要素的制约。湾区城市空间布局优化面临新挑战。

一、面临全球和亚太地区的制高点竞争，城市空间功能能级有待提升

未来一个时期，湾区要以开放改革引领创新发展，加快从全球加工装配"世界工厂"向研发、先进制造和服务基地转变；率先建立与国际化相适应的管理体制和运行机制；推进服务业开放和国际服务贸易发展，吸引国际服务业要素集聚。这些城市功能的调整与转变，都对城市空间布局提出了新挑战。

二、面临区域竞争和区域一体化的新要求，龙头作用有待发挥

珠三角是目前全国城镇连绵程度最高、城镇化水平最高和经济要素最密集的地区，是最具活力、开放程度最高、创新能力最强、吸引外来人口最多的区域，是快速工业化和城市化的典型代表，人口和经济规模比肩全球著名湾区，是具有全球影响力的先进制造业和现代服务业基地。但珠三角区域内经济、社会和城镇发展不平衡，东西两岸、内外圈层和城乡之间存在较大差异，而粤东西北城镇发展滞后。如何促进经济社会协调发展统筹区域、城乡发展，是湾区城镇化当前面临的核心问题。

三、面临土地资源紧张和土地利用结构双重约束，土地空间有待二次开发

珠三角的城镇群经过20多年的高速增长，目前在发展需求与供给上出现了结构性失衡，一定程度上制约了珠三角的可持续发展。经济增长与资源短缺、社会需求提高与公共供给滞后、城镇快速扩张与环境压力加大等，已成为珠三角城镇群要解决的突出矛盾。在土地利用结构方面，珠三角城乡建设用地占比过高。目前，开放强度已超过40%，远远高于一般国际大都市。同时建设用地中工业用地规模占比过高，土地利用结构与产业发展方向不符。

四、面临区域内城镇重复建设、同构竞争，推进区域一体化发展任务艰巨

珠三角城镇发展各具特色，但是由于行政区划和行政管理体制的

制约,区域内城镇同构竞争、产业雷同、重复建设的不协调现象较为普遍,不利于区域整体竞争力的提升。建立有效的区域协作发展机制,推进区域一体化发展进程,对珠三角城镇群未来发展构成了主要挑战。

五、面临严格控制人口规模和人口分布不均双重压力,人口布局有待优化

目前珠三角城镇群人口规模巨大,特别是珠三角 5.6 万平方千米的范围内居住了约 6670 万人口,人口规模与人口密度较高,控制人口增长的压力巨大。而相对珠三角区域的人口密集分布,粤东西北城镇聚焦人气不足,对珠三角区域特别是对广州、深圳人口疏导能力较弱,未能发挥“反磁场”作用。

六、面临环境保护和生态约束趋紧的瓶颈制约,要严守生态空间底线

珠三角作为人口密集区和经济发达地区,随着社会经济和城市化的快速发展,各种生态危机风险因素明显增多:区域自然生态空间减少和破碎化,区域生态系统功能有待提升;珠三角过度的人类活动对区域生态系统造成严重的破坏和干扰,森林生态系统、农田生态系统、海洋生态系统、湿地生态系统及城市生态系统等的生态服务功能逐年下降;区域环境污染问题仍较突出,粗放的土地利用模式、高强度的开发模式、环境污染问题已成为制约珠三角可持续发展的重要因素;区域生态赤字普遍存在,区域生物多样性保护压力增大,生态安全一体化的管理体制机制有待建立和完善;等等。生态安全仍面临着威胁和挑战。

七、面临广州、深圳特大城区蔓延与交通拥堵等大城市病,城市空间有待平衡

广州、深圳集聚了过多的城市功能,人口和产业过度集中、优质资源和功能过度集中,导致人口膨胀、交通拥堵、大气污染、房价高涨、社会治理难度加大,“大城市病”问题突出。大湾区区域协同发展的一个重要着力点,就是优化提升广州、深圳、香港的城市核心功能,调整生产力布局，构建“多核多中心多圈层”的城市结构，走出一条中国特色治理“大城市病”的路子。

第二节 优化湾区城市空间布局举措

打造引领粤港澳大湾区建设的发展中枢，坚持极点带动、轴带发展、辐射周边、整体提升，推动大湾区各个城市合理分工、功能互补、错位发展，构建结构科学、集约高效的城镇发展格局。大湾区将建成功能优化、空间集约、交通便利、生态优美的大、中、小城市协调发展的都市圈。重点处理两大空间关系：一是5.6万平方千米与18万平方千米的关系，即珠三角与粤东西北的关系；二是珠三角与泛珠三角区域的关系。全方位拓展大湾区与泛珠三角以及东南亚地区的交流合作，为大湾区经济社会发展提供具有高端适应性和开放性的空间载体。

一、强化体系建设——构建世界级城市群，提升城区功能

高起点编制世界级城市群规划，增强区域核心竞争力，疏解广州、深圳城市功能，汇聚区域发展主轴的核心功能，打造引领大湾区建设国际一流湾区的发展中枢，提升珠江口都市连绵带整体发展和重要节点城市区域竞争力，带动粤东西北和泛珠三角地区发展。

建设现代化综合交通运输系统，促进都市圈联系。一是构建东岸与西岸之间多通道、快速交通。目前，作为我国改革开放的重要区域，珠三角地区城市间的互联互通过去主要靠高速公路、国省道及铁路支撑。但随着珠三角城市群经济联系的扩大，特别是适应珠三角打造世界级城市群、加强泛珠三角合作的战略需求，必须加快构建以轨道交通为主体的新兴交通网络体系。近期相继完工或开工建设的多条轨道交通线，包括广佛环线、广佛地铁、广珠城际轨道以及刚刚开工的广州地铁7号线西延线等，标志着轨道交通在珠三角进入一个加快建设的新阶段。借鉴东京都市圈经验，筑波TX线有3种运营组织模式，最高时

速达到130千米。建议东岸与西岸城市之间规划建设轨道交通，改进运营时耗，控制在30分钟左右。轨道经济将密切城市群间的人口流动，优化产业布局，提升产业效益，有效促进城市间的产业关联配套和分工协作。而通过人口和产业在更大空间范围内的优化布局，可以改变老城区资源环境压力过大的状况，有利于整体生态环境的改善。同时，教育、医疗、文化等基本公共服务由于人口等要素的空间分布扩大和优化，也会加快均等化、可迁移、可对接的步伐。从而在人口、产业、资源环境、公共服务等方面进一步加快珠三角城市群间城市一体化进程。二是通过城际铁路、高速公路，促进珠三角各城市联系。三是构建慢性和公交为主的新城内部交通综合网络。注重低碳、节能理念，提高城市路网密度，建设人性化的自行车和步行网络，为慢行交通创造良好的出行环境。

建立与都市圈建设配套的政策法规体系。都市圈建设具有明确的实效特征和政策意志，需要强有力的行政推动和政策保障。给都市圈建设以立法授权，明确都市圈建设的基本原则、目标和方向，并制定完善的规划和切实的监督体系。同时，以法律法令的形式确定都市圈建设过程中的各级政府、机构、开发实体、私人等的权利和义务，以及责任和分工、收益等，解决新城建设中各方利益的矛盾。

强化核心，打造高地。全面考虑港澳因素，打破行政区划统一规划，打造港深湾区核心。国际创新中心、国际金融中心、国际航运枢纽和国际贸易窗口，是粤港澳大湾区的中央国际都会区，是中国创新能力最强、知名国际大学最多、城市活力国际影响力最高的城市区，人口规模和经济规模分别约占整个大湾区的16％和36％，全球数字通信创新集群排名仅次于全球第一的东京—横滨地区，港深交易所总市值超过6.5万亿美元，位于全球第三，拥有4所2016年QS全球排名前100大学，拥有全球最繁忙和最高效率的国际集装箱枢纽港，集装箱吞吐量位列全球第一，约占全球远洋集装箱总运量的1/5；广州是重要的全国经济中心城市。粤港澳大湾区建设要充分发挥香港、深圳、广州的龙头带动作用，发挥以香港、深圳带动沿海，沿海带动内陆，逐级推动、辐射带动湾区经济全面发展的核心作用。实现珠三角城市群从行政区化的多核心城市向市场化的单核心城市转变，发展具有全球影响力和竞争力的世界级湾区城市群，全面提升粤港澳大湾区在世界经济中的地位。

提升西岸，疏解东岸。加大力度改善珠江东岸城乡环境质量，优化城镇、产业布局，大力调整珠三角经济发展空间布局，疏解广州、深圳城市功能，解决“大城市病”，促进发展模式由粗放型向集约型转变，提高整体发展水平。在珠江西岸地区，研究设立大广海湾国家级新区，承接港深澳城市功能。精品打造大广海湾国家级新区，形成高端装备制造业集聚带。一是强化精品意识，坚持功能优先。加强空间统筹，创新开发模式，完善开发机制，使大广海湾国家级新区成为创新驱动、经济转型升级的先行区、优秀文化的荟萃区、生态文明的示范区。二是强化统一开发，重点带动。注重大广海湾国家级新区整体发展，守住城市天际线，实现工作空间、生活空间、生态空间的高度统一。三是高标准推进大广海湾国家级新区公共设施建设，加强多种交通方式网络联动。强化中心城市功能，加快产业要素聚集，形成广州—深圳—江门大三角，再造一个“深圳”和“香港”，弥补珠江西岸缺少龙头带动大城市，并带动粤西和西南地区发展，辐射东南亚、南亚等地区。

二、加强粤东西北城镇化建设——重点建设沿海城市连绵带和“五大”城市圈

大力调整粤港澳大湾区城市群的结构，优化空港海港陆港布局。以港深广为核心，统筹推进沿海港口与城市协调发展。2015 年，珠三角区域的港口货物吞吐量是沿海港口吞吐量的 3.5 倍，分别是东部地区沿海港口的 12.9 倍、西部地区沿海港口的 4.8 倍。沿海港口覆盖全球航线潜力大，货物运输距离短，具备与各国通航的海域优势和海运价格竞争力优势。发挥湾区核心城市——香港的龙头作用，加强沿海城市

带与珠江沿线基础设施建设，以香港、深圳带动沿海，沿海带动内陆，逐级推动、辐射带动湾区经济全面发展。要推动要素的自由流动，遏制过度竞争，避免重复建设，打破行政区划壁垒，积极推进港深广一体化，促进粤港澳跨境基础设施全面对接。一是打造伞形网状城市规模层级结构。推动大、中、小城市在空间上有序分布，促进人口和经济活动在地理上有效集聚，形成层级有序、分工合理、协同发展。二是明确等级清晰的城市功能定位。鼓励核心大城市打造面向未来的全球城市，成为全球科技创新和智能制造的引领者。三是推动层次合理的城市产业分工。加快广州、深圳、香港核心大城市发展科技创新产业，建设世界级科技创新中心、全球金融科技中心和全球资源配置中心；推动核心大城市发展创新服务业、科技制造业，建设特色鲜明的世界级高端制造业集群；引导大中城市建设区域先进制造中心、商贸中心、物资集散中心。充分发挥大中城市区域性中心、地区性中心和地方性中心的辐射带动作用，通过三级中心联动，引领周边地区协调发展，逐步形成以特大城市为核心，以大中城市为骨干，以小城市和小城镇为依托的体系完备、分工合理、特色鲜明、组合有序的网络型城镇体系，促进城镇群向更高发展阶段演化。

加快港深莞惠城市圈、澳珠中江城市圈、湛茂阳城市圈、潮汕揭城市圈、广佛肇城市圈等五大城市圈建设。一是港深莞惠城市圈。发挥港深在科技创新领域的重要地位，东莞世界制造中心的优势，大力推动技术创新、体制创新和环境创新、国际化。二是澳珠中江城市圈。重点建设大广海湾国家级新区，打造第二个“深圳”和“香港”，成为城市群未来加快发展的重点地区。抓住珠海国际化创新型城市、生态文明新特区，港珠澳大桥建设的契机，重点培育城市圈内的综合服务功能和依托于港口运输的临港工业，稳步发展旅游业和物流业，提高城镇产业的集聚与扩散功能。三是湛茂阳城市圈。以湛江和茂名为主要中心，建设湛江海上丝绸之路试验区，积极拓展大西南港口腹地，建设功能清晰、协同发展的西部临港经济带，打造国家级重化工业基地、海洋经济增长极。四是潮汕揭城市圈。建设创新型经济特区、东南沿海现代化港口城市、区域交通枢纽、科技中心和商贸物流中心。五是广佛肇城市圈。强化广州作为全国经济中心城市，升华广州经济、文化、教育、区域交通枢纽地位对于带动粤港澳大湾区周边内陆地区的发展具有决定性作用。

提升东西部沿海地区城市人口密度，发挥东西部沿海城市区位优势，发挥产业扩散效应，形成新的产业集聚空间，推动超大城市大规模制造业向东西部城市群扩散，提升都市群整体空间效率。以产业转移和集聚带动就业岗位向沿海城市带集聚，引导劳动力向沿海城市有序流动。

三、实施强镇带动——建设一批特色小城镇

分类推进特色发展小城镇。通过“因地制宜，特色发展，分类引导”，大湾区小城镇发展可形成以现代制造业、现代服务业、现代农业和旅游业为主的特色小城镇。并根据区位条件、资源禀赋、经济基础、产业特点等自身发展条件，分类制定发展的重点。

加强交通建设引领发展小城镇。通过综合交通体系建设，特别是发展城际轨道交通，加强特大城市、大中城市与各镇之间以及郊区和市区之间的联系，带动沿线小城镇发展，形成沿城际轨道交通小城镇发展走廊。

精确对接聚焦发展小城镇。各个镇要根据自身发展条件及产业基础，明确发展方向，实施因地制宜的精准对接战略，高起点确定招商范围。丰富招商方式方法，可加强与科研院所和高校的合作，帮助地方寻找精确的对接对象。

科技成果产业化创新发展小城镇。抓住大湾区建设国家科技创新中心的新机遇，充分利用大湾区科研能力优势，将小城镇作为科研创新研发成果孵化基地以及产业化基地。结合小城镇产业发展基础，探索建立一批科技成果产业化创新小镇。

健全小城镇建设体制机制。一是加快小城镇管理体制改革。赋予

具备一定人口规模和经济实力的小城镇必要的城市管理权限，赋予发展潜力大、人口集聚快的小城镇相应的行政管理权限。二是通过多元化机制筹集建设资金。既要完善政府投入，在城市开发前期由地方财政予以支持，又要引入竞争机制，创造条件将可经营的基础设施推向市场。探索市政建设债券，缓解当前城市化过程中的资金压力，把区县政府的短期行为，逐步引导到长远城镇建设。三是建立市级统筹小城镇建设的体制机制。建立市区联手和市场运作相结合的开发建设机制，积极推动重大基础设施和优势社会事业向新城倾斜。

第三节　建设分工合理的城市群体产业体系

粤港澳大湾区推进协同发展，应立足各自比较优势、立足现代产业分工要求、区域优势互补原则，把产业对接协作和实现市场一体化进程作为改革重点，努力实现良性互动、共赢发展。推动人口区域平衡发展，增强超大城市和特大城市中心城区的创新服务功能，提升城市空间效率，建设发达的通勤交通体系，提升职住分离比率，形成现代大都市群的潮汐结构。发展多元化城市分工体系。强化香港和深圳的特殊优势，推动港深共建全球科技创新中心，成为新一轮全球产业革命的重要策源地。发挥粤港澳经济发展主轴城市的比较优势，建设特色科创中心和先进制造基地，形成大湾区科技创新和高端制造主轴。充分利用澳门独有的优势对准利基市场做好内地与葡语国家的供求对接。

一、全力推动港深广世界级科技创新中心建设

大湾区是全球高端要素竞争的主战场，是国家科技创新发展的引领者，是众多资源汇聚、人口密集、经济活动高度集中的城市群。要充分发挥香港"一国两制"、强大国际资源统筹、多元高端人才的体制机制优势，提升港深广创新走廊的规模与水平，打造创新要素集聚、内生创新和基础创新能力强的全球科技创新中心。以港深为核心，聚焦全球

优势资源，推动信息技术基础创新，打造信息基础产业新优势，积极构建大数据产业集聚区。共同完善人工智能产业集群，鼓励核心新兴产业关键技术跨地域合作创新。深化科技体制改革，建立以企业为主体、市场为导向、产学研深度融合的科技创新体系，推动创新中心与制造基地密切合作，提升高校研究机构的创新能力，促进科技创新平台和大学创新科技联盟建设。大力建设世界级智慧城市群。建设世界级金融中心，强化香港金融对科技创新的助推作用。推进股权投资技术化，加大研发资金投入。建设港深莞创新数字技术与金融科技产业创新带。

二、推动大湾区沿江沿海城市高端制造集聚和产业创新

粤港澳大湾区中，先发者的产业空间有限，产业需要外溢，推动合理的产业集聚与扩散，探索委托管理、投资合作、飞地经济、沿海产业转移园区合作建设等模式，把传统劳动密集型和资源密集型产业或生产环节转移到粤东西北及中部地区。粤东西北地区主要承接对区位及交通运输条件要求比较高，且对珠三角核心区的主导产业具有黏合效应的配套产业。

三、推动中小城市先进制造中心、商贸中心、物资集散中心发展

大湾区主要承接土地和劳动力成本比较低、技术含量偏低的劳动密集型产业或者以延伸市场为目的的产业，以及发展对港口等交通条件要求高的重化工业和基础产业。中小城市可利用“产城人文”四个要素互动融合，可以更好地促进创新发展。特色小镇与珠三角地区原有的产业集群有很大的不同，原来的产业集群更关注制造，而在产能过剩时代，要转型升级则要关注创新，即不仅要考虑生产制造，还要考虑产品研发、品牌树立、产品营销。那么，对空间的要求就会不同。制造主导时，对服务、环境品质、人文氛围等没有要求；但创新主导时，要引入高智人群，他们对环境、服务就会很挑剔。同时，创新主导时，需要形成与制造主导时不同的创新链，包括众创空间、孵化器、创业导师、风投、

创业大赛等，那么，特色小镇这种小而美、专而强的空间模式就能很好地适应创新要素的集聚，值得推广应用。同时，“互联＋”、数据驱动、智慧应用将是未来产业发展的趋势，中小城市产业要顺应这种发展趋势。

第四节　改善城市生态环境

粤港澳大湾区经济作为重要的滨海经济形态，是世界一流滨海城市的显著标志。以纽约湾区、旧金山湾区、东京湾区等为代表的国际一流湾区经济，以其开放包容的经济环境、追求创新的文化氛围、高效的资源配置、强大的集聚功能与外拓展性以及发达的国际交往网络，发挥着引领创新、聚集辐射的核心功能，成为带动全球经济发展的重要增长极和引领技术变革的引领者。粤港澳大湾区目前的经济结构与发展水平、高科技能力、开放包容的环境、发达的金融基础以及高度国际化水平对发展世界一流的湾区经济形成了良好的基础和支撑条件。但是除经济和人文条件外，生态系统的服务与支撑能力也是湾区经济建设的重要内容。湾区经济的发展，需要宜居的环境和良好的生态环境做保障。

一、湾区面临的生态环境问题

粤港澳大湾区包括大汕头湾区、大红海湾区、环大亚湾湾区、环珠江口湾区、大广海湾区、大海陵湾区以及雷州半岛，是广东经济发展和城市生活最为活跃的区域。但也应看到，大湾区城市群生态环境建设的挑战依然很多，如水环境质量、农村环境治理问题以及日益突出的臭氧问题等。与其他世界级三大湾区相比，粤港澳大湾区生态环境质量还存在不小差距。以最好的大气环境为例，2015 年，珠三角 PM2.5 年均浓度为 35 微克/立方米（2016 年为 32 微克/立方米），而旧金山地区约为 15 微克/立方米，纽约地区约为 10 微克/立方米，东京地区约为 13 微克/立方米。在发展过程中出现了围海造地，导致海湾纳潮量和水动力显著降低、沉积加速、湾内淤积明显等问题。围海造地与过度捕捞，严重破坏了海洋生物的栖息地和生物的繁殖场，海洋生物群落结构受到严重破坏，深圳湾和珠江口的生物数量显著下降，生态功能显著退化。城市化快速发展，人口急剧增加，生活污水和工业废水排放增加，水环境和水生态因此受到严重影响。国家海洋环境质量公报显示，珠江口、深圳湾富营养化严重，氮磷超标，生态系统处于亚健康水平。黑臭的深圳湾，已经直接影响到了周围群众的生活。深圳湾目前的生态状况，难以适应湾区经济建设的需要。

二、改善生态环境是湾区的重要任务之一

习近平总书记曾指出，保护生态环境就是保护生产力，改善生态环境就是发展生产力。打造世界级高水平的湾区，需要更高端水平、更高质量的环境公共产品供给。持续改善生态环境质量，不断提升生态环境竞争力已经成为区域总体竞争力不可或缺的重要组成部分。同时，优质生态环境质量也有利于吸引创新要素集聚。进入到全面创新发展阶段，高水平的创新型人才对良好的生态环境来说将是必需的。粤港澳大湾区加强生态建设和环境治理，特别是在加强区域性的大气环境治理、跨流域水污染治理、海洋生态环境治理等领域，制定一个更长时期的生态环境总体建设规划和出台系列专项行动计划，统一行动，协同共治。

三、建立“三线”引导和管控

划定永久基本农田，以湾区利用总体规划划定的基本农田为基础，结合城市总体规划修编，优先将集中连片、高产稳产的优质耕地固化为设施粮田、设施菜田，进行重点建设和保护。锁定城市发展边界，严格按照城市总体规划和土地利用总体规划执行各项空间管制，严格建设占用耕地审批，新增建设用地，做到不占或少占耕地。确立生态保护红线，推进重要生态空间的土地整治和郊野单元规划实施，建立和完善生

态补偿长效机制。

四、建设城市绿色屏障

以建设环城林带为主，强化土地用途管制，限制城市蔓延、保障城市生态空间。发挥郊野公园和基本农田的生态功能，有效隔离集中建设区域。建设北部地区生态涵养区，建设一批“青山、碧水、蓝天、绿地”的“国家森林城市”“国家环境保护模范城市”“全国生态文明建设试验区”“全国低碳示范城市”“现代生态园林城市”。谋划实施一批山系绿化工程、空气洁净工程等。

五、建立绿色经济发展长效机制

制定政策从末端控制转向源头控制。政府要给予企业、科研院所研发补贴，鼓励研发主体从事节能环保技术的研究和开发。进一步强化政产学研体制在推动节能环保技术研发上的积极作用。采用多种政策手段推广节能环保技术的应用。激励企业采用绿色技术，生产绿色产品，采用清洁工艺，实施工厂园林化工程，利用绿色技术全面改造一、二、三产业，从源头上扭转生态污染。加强节能环保技术的国际合作，通过“走出去”和“引进来”，建立中外合作的协同创新机构，加快绿色经济的发展。

六、强化节能环保等市场准入标准

制定相关的行业准入标准。借鉴发达国家的标准和相关措施，适应目前的发展阶段并稳妥地推进和提高现有准入标准。加强对行业准入标准的执行力度。一方面，对未能达到准入标准的企业坚决不予进入市场；另一方面，对尚未达到行业准入标准的原有企业进行限期整改，乃至责令退出市场。依据行业准入标准，“招商选资”。将一批经济效益好、环境污染少的外资项目引进。避免引进高耗能、高污染的外资项目。

七、创新政府在生态文明建设中的管理职能

完善发展成果考核评价体系，纠正单纯以经济增长速度评定政绩的偏向，加大资源消耗、环境损害、生态效益等指标的权重。进一步优化“公共产品”的提供，强化政府的基础性作用。

第五节 促进区域协同发展

一、推动湾区功能转移动力机制

一是优化区域空间布局，借鉴京津冀区域一体化过程中北京城市功能转移和疏解经验，强化江门、湛江、茂名、汕头、河源等城市在区域发展和公共服务中的承接支撑作用，打造一批制造业中心、宜居中心、健康经济中心等。二是解决人员通勤问题，统一高速铁路、郊区铁路和地铁的技术标准，提高城际之间换乘的便捷度，疏散人口，使人口向中小城市集中。三是共享社会服务体系，鼓励发展珠三角区域高等教育机构、医疗服务集团的跨区域合作，提高外围城市的教育功能、医疗功能等公共服务水平。

二、加强区域基础设施一体化建设

推进珠三角能源建设项目的合作开发，鼓励煤炭、天然气等能源的区际产销合作，实现区域内资源优势与市场需求结合；加快构建适应区域合作发展要求的综合交通网络，“十三五”期间重点加快沿海大通道建设，努力实现建设、收费、管理、利益的分享。

三、建立区域信息交流和共享机制

建设统一的湾区综合信息交流平台，建立稳定通畅的信息沟通渠道，实现湾区各领域信息互通共享、业务互动协作以及联合监管。建设政府和各类非政府组织多样的分类信息平台，真正实现区域内信息共享。加快推进区域 CA 认证、电子口岸等共性信息网络的互联互通，系

统的协同开发，数据的共享共用。

四、发挥特大城市辐射带动作用

充分发挥广州、深圳、香港等特大城市的辐射带动作用，建设世界级城市群，带动粤东、粤西、粤北地区发展，构成以大城市为引领，以中小城市为依托，以重要节点城市和小城镇为支撑的新型城镇化体系。

第五章　粤港澳大湾区空间布局

建设珠三角地区世界级城市群，须提升沿海岸带和珠江都市连绵带整体发展能级，提高重要节点城市区域竞争力和影响力，加快湾区一体化进程，大力推进沿海拓展带，加快汕头、湛江、茂名发展，大力推进珠江城市连绵带发展，打造新的经济增长点，构建结构科学、集约高效的城镇发展格局。

第一节　空间结构

一、珠三角世界级城市群

珠三角世界级城市群包括广州、香港、深圳、澳门、珠海、佛山、东莞、中山、江门、惠州等城市。以广州、香港、深圳等特大城市为龙头，特大城市在构建世界级城市群中发挥主导、引领作用。广州市要大力提升核心城市的服务和管理水平，重点发展商贸、服务、文化、科技等现代产业，建成具有国际竞争力的商贸流通中心、科技研发中心和现代服务中心。深圳重点发展金融商贸、高端技术、高端服务业等，建设现代化世界一流城市。香港重点打造国际金融、航运、贸易三大中心，辐射带动其他城市协调发展。

二、湾区半岛群

湾区半岛群以沿海岸城市连绵带为基础，包括“六湾区一半岛”，即大汕头湾区、大红海湾区、环大亚湾湾区、环珠江口湾区、大广海湾区、大海陵湾区以及雷州半岛，构建跨行政区域的海洋经济发展新格局。

湾区半岛群主要涉及环大亚湾湾、环珠江口湾和大广海湾三大湾区，包括广州、深圳、珠海、佛山、惠州、东莞、中山、江门、香港和澳门，在湾区内形成“4+4+2”格局：深圳、珠海、惠州、江门4个沿海城市直面海洋，有较长的海岸线，作为沿海区；广州、佛山、东莞、中山4个距离海岸100千米以内的城市，作为近海区；香港、澳门2个特别行政区，作为国际窗口。

(一)环珠江口湾区

环珠江口湾区重点打造珠三角世界级城市群，作为沿海经济带发展中心区和主引擎，重点发挥辐射带动作用，引领沿海经济带整体发展。以广州、深圳双核为龙头，充分发挥广州国家中心城市引领作用，全面增强国际航运、航空、科技创新枢纽和国际商贸中心功能，着力建设全球城市；充分发挥深圳作为经济特区、全国经济中心城市和国家创新型城市的引领作用，加快建成现代化、国际化、创新型城市。更好地发挥重要节点城市的作用，强化城市间创新合作和城市功能互补，携手港澳共同打造粤港澳大湾区城市群。以全面创新为引领，以自由贸易试验区、国家自主创新示范区、国家级高新区、国家级经济技术开发区等重大区域发展平台为主阵地，集聚整合高端要素资源，强化全球重要现代产业基地地位，加快构建开放型区域创新体系和高端高质高新现代产业体系，打造成为高端功能集聚的核心发展区域。全面强化沿海经济带发展中枢的功能支撑和综合服务能力，辐射带动粤东西北和内陆腹地协同发展。

(二)环大亚湾湾区

环大亚湾湾区陆域涉及深圳、惠州二市，主要由大亚湾、大鹏湾和大鹏半岛共同组成。重点建设惠州能源工业基地、大亚湾石化工业区、惠州港口物流基地、深圳盐田港物流基地，以大小梅沙、巽寮湾为中心，推动稔平半岛滨海旅游区和大鹏半岛旅游区差异化发展高品质滨海旅游、生态旅游和海岛旅游。

(三)大广海湾区

大广海湾区陆域涉及江门市,由黄茅海、广海湾、镇海湾和上下川群岛等共同组成。重点建设大广海湾国家级新区,建设铜鼓自由贸易港和"香港飞地"、粤澳(江门)产业合作示范区、珠西化工集聚区、台山工业新城、广海湾工业新城及银湖湾滨海新城等,发展上下川岛旅游区、浪琴湾旅游区和黄茅海养殖区、广海湾海水增殖养殖区等。

(四)大汕头湾区

大汕头湾区陆域涉及汕头、潮州、揭阳三市,由韩江和榕江出海口形成的冲积平原及南澳岛共同组成,包括柘林湾、海门湾、神泉港等三个相互连接的海(港)湾。科学有序地推进汕头海湾新区、潮州新区、揭阳新区和揭阳副中心的发展和建设,加快推进汕头华侨经济文化试验区、临港经济区、潮州临港工业区、揭阳空港经济区、大南海石化基地等重大发展平台的建设,大力发展柘林湾、金海湾、龙虎滩、南澳岛、西澳岛等滨海旅游业,加强南澎列岛海洋生态保护。

(五)大红海湾区

大红海湾区陆域涉及汕尾市,由碣石湾和红海湾两个海(港)湾共同组成,是珠三角和粤东地区的主要通道,也是承接珠三角产业转移的重要区域。重点建设深汕特别合作区、汕尾中心城区、汕尾临海能源工业基地、马宫海洋科技产业园等,加快发展碣石湾海洋生态旅游区等。

(六)大海陵湾区

大海陵湾区陆域涉及阳江、茂名二市,由北津港、海陵湾、沙扒港、博贺港、水东湾、海陵岛及附近其他岛屿共同组成,是珠三角与粤西地区的重要通道。重点建设阳江中心城区和临港工业区、阳江能源基地、阳东滨海工业区、茂名临港工业区、博贺新港区、茂名滨海新城,重点开发海陵岛、沙扒、浪漫海岸、放鸡岛等旅游区。

(七)雷州半岛

雷州半岛陆域涉及湛江市，由雷州半岛及其周边岛群共同组成。依托深水良港，重点建设湛江物流港口基地、东海岛化工及钢铁工业基地、雷州半岛能源基地等，加快开发“五岛一湾”、雷州半岛西侧安铺港—徐闻等海洋休闲旅游区。

三、粤东振兴区

粤东振兴区包括汕头市、潮州市、揭阳市、汕尾市等四个地级市。粤东地区依托大汕头湾区建设“21世纪海上丝绸之路”的重要门户和国家通侨联侨的重要枢纽，打造连接珠三角、海峡西岸经济区和长三角地区的重要纽带。加快推进汕潮揭同城化发展，强化与珠三角地区尤其是珠江口东岸各市的对接合作，积极参与海西经济区建设，打造粤港澳大湾区辐射延伸区；充分发挥交通基础设施的先导作用，围绕汕头港、高铁潮汕站、揭阳潮汕机场三大交通枢纽，建设高水平的临港经济区、高铁经济带和空港经济区，加快建设出省大通道，打通江西、福建等发展腹地，打造国家海洋产业集聚区、临港工业基地和世界潮人之都。重点发展现代产业体系，以汕头、汕尾、潮州、揭阳为依托，主动对接珠三角地区，全面参与海峡西岸城市群发展建设，重点推进粤闽在海洋装备制造、海洋生物医药、现代海洋渔业、滨海旅游等领域合作，共建海西经济圈和“21世纪海上丝绸之路”支点。建设梅兴华丰产业聚集带，提高自主创新能力；统筹公路、铁路、航空和水路等基础设施建设，构建快速、便捷的交通网络；保护生态环境，建设广东绿色产业发展基地和文化高地；加强社会事业建设，大幅度提高人民生活水平，建设好华侨经济文化合作试验区、梅州旅游特色市和世界客都，建设梅州综合保税区和高新技术产业园区，使梅州综合经济实力迈上新台阶，成为广东经济发展的重要增长极。东极以汕头为中心，西极以湛江为中心。

四、粤西振兴区

粤西振兴区包括湛江、茂名、阳江、云浮四个地级市，构建以湛江为中心的北部湾城市群，打造“21 世纪海上丝绸之路”试验区。推进湛茂一体化发展，强化与珠三角地区尤其是珠江口西岸各市的对接合作，全面参与北部湾城市群建设；充分发挥湛江港作为西南地区出海大通道的作用，加快形成陆海双向交通大通道，积极拓展大西南腹地，打造临港世界级重化工业基地、临港装备制造基地和全省海洋经济发展重要增长极。重点加强基础设施建设，促进综合交通运输网络突破性进展，加强石油化工、钢铁、浆纸、冶金、装备制造业和战略性新兴产业发展，重点实施重大工业产业项目达产增效计划、传统产业转型升级计划、现代服务业提速计划、高新技术倍增计划、蓝色海洋综合开发计划，积极推进产业园扩能增效和城市提质升级，实现追赶进位、跨越式发展。阳江加快深茂铁路等交通大通道和阳江港建设，依托海陵岛经济开发试验区、高新区等重大发展平台，集约发展新能源装备、不锈钢、汽车零部件等高端临港工业，建设沿海临港工业重要基地，打造珠江西岸产业转移主承接区。以湛江、茂名、阳江为依托，全面参与北部湾城市群、琼州海峡经济带发展建设，重点推进粤桂琼在培育高端装备制造产业集群、冶金石化产业集群、旅游产业集群、特色农海产品加工集群等领域深度合作，充分发挥湛江港作为西南地区出海大通道的作用，增强对北部湾地区的服务功能，共同打造粤桂琼滨海旅游“金三角”，建设国际休闲度假旅游目的地。

五、粤北振兴区

粤北振兴区包括韶关市、清远市等，发挥粤北地处粤、赣、湘、桂四省（区）的结合部区位优势，建立毗邻省区间发展规划衔接机制，推动与周边地区良性互动，积极承接国内外产业转移，改造提升现有产业园区，加快推进新型工业化战略实施，建设装备制造和绿色农产品生产和加工基地。实现集聚发展。加强区域合作，着力打造南融珠江三角洲地区、北联内地、东承海峡西岸经济区、西接北部湾经济区的纽带。积极培育韶关都市区，壮大各级中心城市，将韶关、梅州、河源、清远、云浮等地级市中心城区建设成为区域新的增长极。支持韶关芙蓉新城、河源滨江新城、梅州江南新区、清远燕湖新城、云浮西江新城以及顺德清远(英德)经济合作区建设，配套完善县城、中心镇公共服务设施，提升其对产业和人口的吸引力与承载力，促进粤北地区城镇集聚发展。

粤北地区依托资源和生态优势，重点是保护和修复生态环境，保护好绿水青山。主动承接珠江三角洲及其他地区的产业转移，建设生态产业基地，创建低碳经济发展区。重点发展特色加工制造业，巩固提升资源型基础产业。有条件的地区积极发展战略性新兴产业和特色高新技术产业，大力发展高效生态农业和生态旅游业，引导粤北地区走循环经济发展道路，加快绿色崛起。

第二节 城镇体系

优化城市布局，拓展发展空间，完善城市功能，统筹推进城乡发展。按照人口资源环境相均衡、经济社会生态效益相统一的原则，控制开发强度，调整空间结构，促进生产空间集约高效、生活空间宜居适度、生态空间山清水秀。加强生态隔离区域建设，通过提高土地综合开发利用水平，推动形成多层次、多中心、组团布局、紧凑集约的城镇化空间格局。遵循城市发展客观规律，坚持大中小城市和小城镇协调发展，促进城镇化和新农村建设良性互动，加强城镇化管理，不断提升城镇化的质量和水平。

一、发挥特大城市辐射带动作用

推进珠江三角洲地区一体化，联合港澳打造世界级城市群，充分发挥广州、香港、深圳等特大城市辐射带动作用，全面提升城市综合承载能力，强化产业功能和服务功能，全面提升综合经济实力和现代化水平。着力打造广州南沙大湾区核心区，推进广州开发区建设先进制造创新中心，促进科技金融产业融合发展，构建区域性新兴产业发展引领区、开放型国际创新资源集聚区。在珠海、佛山、东莞、中山、江门、惠州等有条件的地区，培育壮大一批城市群，科学规划城市群内各城市功能定位和产业布局。

二、大力发展中小城市

加强城市规划和建设，积极发展和壮大中小城市，强化产业功能，推进产城融合、宜居宜业，吸引人口集聚，增强城市综合承载能力。粤东西北地区地级市城区有序拓展发展空间，完善城市功能，以城区扩容提质辐射引领区域经济转型升级。依托粤东西北地级市城区扩容提质，培育若干100万以上人口规模的大城市；壮大县域经济，依托县(市)城区建设若干30万—50万人口规模的中等城市；依托中心镇在特大城市和大城市周边打造一批卫星城。建立健全以大中城市为主导的空间发展体制机制，加强城镇发展密集地区及城市之间的紧密合作。引导城市副中心、新城或卫星城建设，以新城或卫星城吸引产业与人口集聚，疏解城市中心区压力，形成职住平衡、功能完善的城市组团，逐步构建多层次、多中心、网络化布局的城市空间格局。

三、加快发展中小城镇

加强对综合交通枢纽站场建设和站场用地布局的统筹力度，合理布局居住、就业和消费休闲等功能区，引导城镇重要功能区逐步向综合交通枢纽站场周边集聚。强化中心镇的辐射功能，充分发挥中心镇上接城市、下引乡村的综合功能。坚持分类指导、突出重点、梯度发展的原则，适度提高中心城镇建设标准，引导和培育中心镇成为现代小城市或卫星城、特色专业镇，促进其转型升级。加快推进中心城镇人口集聚、产业集中和功能集成，积极推进市政、交通、环保、信息等基础设施以及教育、医疗、文化、体育、商贸等公共服务设施建设，着力增强中心城镇综合承载能力和宜居水平。加快产业结构调整，推动县域经济转型，主动承接大中城市产业转移，着力发展特色产业，并以合理的产业布局引导人口合理分布。加快宜居村镇、名镇名村的创建步伐，发掘各地资源禀赋，整合提升特色优势，重点建设一批规划科学合理、主导产业突出、生态环境良好、具有较大影响力与辐射带动能力的名镇、名村。加强对农村住宅建设的指导，推广使用经济、适用、节能、安全和体现地方特色的住宅设计方案，着力打造具有岭南特色的乡村民居。

第三节　乡村振兴

按照产业兴旺、生态宜居、乡风文明、治理有效、生活富裕的总要求，建立健全城乡融合发展体制机制和政策体系，统筹推进农村经济建设、政治建设、文化建设、社会建设、生态文明建设和党的建设，加快推进乡村治理体系和治理能力现代化，加快推进农业农村现代化，走中国特色社会主义乡村振兴道路，让农业成为有奔头的产业，让农民成为有吸引力的职业，让农村成为安乐居业的美丽家园。

一、产业兴旺

新农村建设必须将经济建设、发展生产力作为中心环节，加快农业社会化、市场化步伐，提高专业化、高效化水平，创新农业经营方式，提升综合生产效率。落实国家粮食安全战略，继续加大财政对粮食主产区的投入，严守耕地保护红线，稳定粮食播种面积，提高农业机械化水平。加快农业标准化和品牌化建设，建立健全农副产品质量全程可追溯制度。积极发展现代农业产业链，建设现代农业产业园区、农产品加工集中区和农产品市场体系。坚持家庭经营在农业中的基础地位，积极培育新型农业经营主体，发展多种形式的规模经营，扶持建设一批示范性家庭农场。鼓励农村发展社区股份合作、土地股份合作、专业合作、劳务合作、投资合作，引导发展农民专业合作社、联合社，鼓励和引导工商资本到农村发展适合企业化经营的现代种养业。推行合作式、订单式、托管式等服务模式，培育壮大专业化服务组织。推进城乡共建农业产学研合作平台，组织重大农业科技攻关，加大技术集成推广。

二、生态宜居

把农村生态文明建设摆在更加突出的位置，加快转变农业发展方式，要构建五谷丰登、六畜兴旺的绿色生态系统。完善村镇布局规划，分类引导村庄建设，发展规划布点村，保护特色村，稳妥推进村庄撤并。根据村镇人口结构现状和变化趋势，加强规划引导，合理确定村庄布点和建设规模，因地制宜、布局建设基础设施和公共服务网络，形成适度集聚、生产便捷、生活舒适的村庄分布格局。充分尊重农民意愿，明确村庄撤并、迁移标准，加强空心村整治和闲置土地利用，有效减少布局散乱、占地过多、浪费严重的宅基地，有序引导农民向新型农村社区集中居住，促进土地资源集约利用。突出乡村传统聚落特色，合理利用地形地貌、丘陵植被、河湖水系等自然条件，延续和保护生态环境、自然景观、传统民居、历史建筑、古树名木等人文景观，促进人与自然和谐共处共生。

三、乡风文明

乡风文明建设应弘扬优秀的传统文化和现代文化，提高村民的文化素质和精神风貌，为农村发展提供安定团结、和谐有序的文化氛围和精神引领。加大村庄自然与文化资源保护，维护农村居住、生产、生态、文化等多种功能，因地制宜推进村庄特色化发展，激发农村发展活力，建设农民幸福生活的美好家园。自然生态型村庄应严格保护地形地貌的自然生态格局，构建绿色生态网络，促进农业生产与特色旅游互动发展；历史文化型村庄严格保护古村落、古建筑，深入挖掘历史文化和地域文化特色，突出乡村独特的民间演艺、节庆活动等，振兴传统手工艺业，打造特色文化品牌；特色产业型村庄进一步做大做强现有优势特色产业，突出产业链发展，加快培育成为中心村或小城镇。依托区位条件、自然文化资源，培育一批以特色农业、休闲旅游、商贸流通为主的新型村庄，完善基础设施建设，改造村庄生活环境，促进农业、旅游业、文化产业融合发展。

四、治理有效

新农村建设要求管理民主，尊重和维护人民群众的政治权利，让人民群众当家做主。虽然管理民主是社会治理的有效手段，但社会治理的效果更关乎人民群众利益。社会治理的结果，有助于促进社会公平正义，有助于形成良好的社会秩序，有助于人民群众拥有更加充实、更有保障、更可持续的获得感、幸福感、安全感，对人民群众才更具有现实意义。应推进自治、法治、德治，构建乡村治理体系。发挥自治在健全乡村治理体系中的核心作用，全面落实民主选举、民主决策、民主管理、民主监督制度，坚持村民依法办理自己的事情，发展农村基层民主，维护村民的合法权益。发挥法治在健全乡村治理体系中的保障作用，加强农村社会治安综合治理，依法用权，依法办事，推动基层干部群众形成亲法、信法、学法、用法的行为自觉，强化法律在解决农村事务和化解矛盾问题中的权威地位。发挥德治在健全乡村治理体系中的支持作用，弘扬传统美德，加强社会公德、职业道德、家庭美德、个人品德建设，破除封建迷信思想和陈规陋习，树立乡贤好人，倡导祖训家教，激励孝老护幼，爱党爱国爱民，弘扬正气正能量，刹住歪风邪气，使农村更加和谐、安定有序。

五、生活富裕

不断完善强农、惠农、富农政策体系，加快农业、就业、创业发展，促进农民收入持续较快增长。继续推进“一村一品”工程建设，培育壮大优势特色产业，强化农产品产销衔接，允许农民以承包经营权入股发展农业产业化经营，增加农业经营收益。鼓励农民自主创业、联合创业，支持外出务工农民带技术、带资金回乡创业，引导农民按需培训、适岗提升。保障农民集体经济组织成员权利，积极发展农民股份合作，赋予农民对集体资产股份占有、收益、有偿退出及抵押、担保、继承权，固化农民在村里的原有各项收益权，将集体资产折股量化到人(户)。在试点基础上慎重稳妥推进农民住房财产权抵押、担保、转让，拓宽农民财产性收入渠道。大力发展多种形式的村级集体经济，逐步建立完善以物业经营和资源开发为主的多种经营方式，加强农村集体资金、资产、资源管理，提高集体经济组织资产运营管理水平。

第六章　粤港澳大湾区融合发展的重点领域

第一节　强化创新驱动

创新是建设粤港澳大湾区的灵魂和动力。实践表明，粤港澳大湾区创新合作潜力巨大，但也存在一些制约创新发展的现实因素，为此，有待于找准矛盾，培育发展新动力，拓展发展新空间，主动对接国内外市场，不断推进产业转型和升级，形成持续发展的动力。

一、粤港澳科技创新合作潜力巨大

综合而言，粤港澳科技创新资源和能力互补性较强。港澳与国际联系紧密，其强势在于科技的支持服务体系与基础设施，以及科技市场化的运用能力。广东省企业科技研发活跃，制造业基础好，研发投入较大，但基础研究、科技人才培养、高端创新平台等方面较为薄弱。

其中，香港在科技人才培养、基础研究、国际创新网络、创新服务体系和海洋科技领域具备优势，但高科技产业支撑不足。香港拥有一批科研能力较强的大学，国际科技合作活动频繁，科技全球化的参与度较高，名列世界核心技术创新地区之一。香港经济的市场化与国际化的经验，使香港有较强的技术应用能力。同时香港具有支持科技创新的社会资源：发达的信息基础设施、竞争性的市场环境、充沛的资金供给和完善的法律体系以及人才流动的环境，尤其是香港生产性服务的中介体系十分发达，包括信息资源、财务会计、产品信息、市场策划、经营管理与市场开拓等，这些都是粤港澳共同发展区域科技的重要资源。

澳门虽然经济规模较小，科技发展迟缓，但具有广泛的国际联系。澳门与欧盟、葡语系国家关系密切，是引进发达国家先进技术的重要桥梁。近年来，港澳与主要贸易伙伴，如美国、欧盟、日本和新加坡之间的科技交流与合作不断加强。这是澳门参与粤港澳科技合作促进科技发展的潜在的资源。

广东背靠内地，具有科技研发的相对优势，高新技术产业的规模优势。广东初步形成了科技市场化、产业化的机制创新，广东省已提出建设"科技强省"的战略。广东有一批高科技企业作为支撑，如华为、中兴、腾讯、比亚迪、金立、格力、美的、格兰仕。

二、粤港澳科技创新合作亟须模式创新

目前粤港澳的区域合作主要仍以项目合作为主，而且以高校和政府间的合作项目居多。广东在利用香港科技资源和资金方面还没有形成优势，而香港的科技创业人员和科技成果也欠缺有效的引导。

从高校科研项目合作的方式来看，广东高校的人员投入比例较大，主要提供人力支持，而港澳资金和设备的投入比例较大。如中山大学与港澳医学领域的大量合作项目中，多为横向科技合作项目，多采取粤方研究，港澳方投入的方式。暨南大学与港澳合作的社会科学研究项目中，也都采用粤方投入人力，港澳方投入全部资金的方式；在暨南大学与港澳合作的主要自然科学和医药科学项目中，粤方人员投入超过80%。在广东工业大学与港澳合作的自然科学和工程与技术科学研究项目中，粤方人员投入超过80%，港方主要提供经费支持。这反映出粤港澳科研合作总体尚处于原始的项目委托合作层面。

从政府间项目合作的方式来看，主要是深圳科技主管部门和香港科技主管部门共同设立面向企业和科研机构的应用科技项目，涵盖生物医药、电子信息、新能源、先进制造、民生科技等领域，项目为深港共同资助，深港企业和科研机构联合申报。目前，深港两地每年都资助一

批“深港创新圈”专项，对解决企业急需技术突破起到了一定的促进作用。但由于经费有限，技术研发创新性有限，缺乏重大突破。

为了促进粤港澳科技创新合作，急需创新适合新形势要求和需要的科技合作模式和途径。例如，共建合作研究平台，共建高科技产业园区，联合开展科技攻关等。在合作创新的主体上，应积极推动企业间合作创新，企业是最了解市场需求的提供者和科技成果的最大享有者，企业应是粤港澳科技创新合作的主体。

三、强化创新驱动，提升核心功能

尽管粤港澳科技创新优势明显，然而，在全球产业与科技重构以及经济下行的背景下，大湾区高新技术产业布局不平衡，制造业需要转型升级、腾笼换鸟，城市发展制度、环境体系与其城市发展不尽适应，为此，适应参与新一轮产业分工、与国际接轨，亟待强化核心功能，实施一系列强化创新驱动的举措。

（一）强化大湾区自主创新能力

强化创新基础支撑，提升源头创新能力，加快关键技术、核心技术、前沿技术创新。瞄准世界科技前沿，聚焦未来发展，吸引全球高端创新资源和要素加快向湾区流动，在基础性、前瞻性、战略性等领域不断增强源头创新能力。要根据未来发展需要，国家布局建设重大科技基础设施和重点实验室、工程实验室、工程中心等创新载体，提升科技创新支撑能力。深化与世界一流大学和顶尖科研机构的合作，推动高等院校和科研机构参与国际大科学计划和大科学工程。支持科技领军企业加速进入世界科技创新前沿，引导中小企业形成产业链模块化创新。力争在新一代信息通信、新材料、航空航天、生物医药、智能制造等领域取得核心技术突破。支持企业和科研机构、高等院校等建设产业技术创新战略联盟和知识联盟，形成联合开发、优势互补、利益共享、风险共担的新机制。坚持开放创新，促进国内外创新资源与深圳创新创业环境有机融合，推动更大范围、更广领域、更深层次区域协同创新，提升参与全球创新合作和竞争的能力。

(二)构建大湾区产业新体系

加快建设大湾区先进装备制造产业带,重点发展智能制造装备、船舶与海洋工程装备、轨道交通、航空制造、卫星应用、精细化工、精品钢材等先进制造业。提高大湾区产业带综合竞争力,做强做优沿海重化工业基地。实施加快发展现代服务业行动计划,促进服务业优质高效发展,重点发展金融、现代物流、电子商务、商务会展、信息服务、科技服务、工业和建筑设计、文化创意、服务外包、现代保险等生产性服务业,以及健康养生、现代医疗、残疾康复、旅游休闲、文体娱乐等生活性服务业。强化广州、香港、深圳中心城市高端服务功能,建设大湾区服务中心。积极发展新业态和新商业模式,优化大湾区自主创新生态体系,加快建设面向全球的创新策源地。

(三)拓展网络新空间

实施"互联网+"行动计划,发展分享经济,推动互联网新理念、新模式、新技术与经济社会各领域深度融合。扩容升级互联网骨干网和城域网,全面提升光纤宽带接入能力,大力推进 4G 网络,积极布局 5G 网络,实现无线局域网在珠三角重要区域和公共场所全覆盖。深入开展三网融合建设,加快建设珠三角世界级智慧城市群。深化信息技术在制造业的应用,推动生产过程智能化。支持企业建设开放式网络创新平台,实现集中式、大规模的个性化产品定制。打造一批互联网创新集聚区,培养一批互联网经济领军企业。积极培育物联网新业态,推进云计算应用服务市场化,带动服务外包等产业发展。实施大数据战略,大力发展云计算、智能机器人、3D 打印、可穿戴设备等新兴产业,推动高端新型电子信息、生物医药、半导体照明(LED)、新材料、新硬件等产业成为新的支柱产业,扶持新能源、节能环保、新能源汽车等产业成为优势产业。发展大数据公共服务,建设大湾区统一的政务数据信息资源库和政务数据互连共享机制。加强信息安全保障,完善信息安全基础设施,建设政务信息安全监管平台。

(四)改造提升传统产业

深入实施新一轮技术改造，全面提高产品技术、工艺装备、能效环保等水平。大力实施工业强基工程，加强质量基础建设，开展质量品牌提升行动。加快运用信息技术改造提升传统产业，推进工业化与信息化深度融合。推广应用自动化、数字化、网络化、智能化、供应链管理等先进制造技术装备和管理服务。开展一批节能降耗、减排治污技术改造项目。加强产业集群共性技术攻关和创新平台建设。运用市场机制和经济手段化解产能过剩，完善企业退出机制。促进科技创新和产业创新联动，瞄准世界科技前沿和产业高端，打造以战略性新兴产业和未来产业为先导、以现代服务业为支撑、以优势传统产业为重要组成的现代产业体系，提升产业国际竞争力。

(五)拓展区域发展新空间

统筹推进珠三角国家自主创新示范区建设和全面创新改革试验试点省建设。统筹推进科技、管理、品牌、组织、商业模式创新，加快形成经济社会发展新引擎。发挥广州全面创新改革试验核心区和深圳创新型城市的创新引领作用，打造国际产业创新中心，深入推进“深港创新圈”建设，共同构建粤港澳合作创新大平台。实施高新区升级行动计划，促进高新区集聚发展和辐射带动。依托广州科学城、深圳大学圈、中新知识城、东莞松山湖高新技术开发区、惠州潼湖生态智慧区等创新平台，建设珠江口东岸科技创新走廊，打造深圳亚洲创投中心。支持高栏港经济区、中山翠亨新区、江门大广海湾经济区、肇庆高新区和深圳东进战略等建设，推动珠江口西岸地区产业集聚和创新发展。发挥粤东西北地区后发优势，加强与先进地区产业技术合作，走有特色的创新驱动发展道路。

(六)构筑创新人才高地

把人才作为创新的第一资源，更加注重发挥企业家、科技人才和高技能人才的创新作用，更加注重强化人才激励机制，更加注重优化人才发展环境，营造尊重知识、尊重人才的氛围，全面激发大众创业、万众创新的热情。坚持自主培养和外部引进并举，突出“高精尖缺”导向，加强人才载体建设，海纳天下英才，建设一支规模宏大、富有创新精神、敢于承担风险的创新型人才队伍。营造激励创新环境，完善鼓励创新、支持创造、激励创业的政策措施，降低创新创业门槛，加强知识产权保护，提升创新服务能力，构建更具活力的综合创新生态体系。中央政府支持广东率先试行对港澳科研机构和科技人员采取国民待遇，免征港澳科研设备关税和科研人员所得税，放宽科研人员、共用设备和实验用品的过境管理，放宽科研经费的外汇管制，加大国家重大科研项目的联合攻关，允许港澳院校在内地独立设立博士后工作站等，推动粤港澳大湾区打造国际科技创新中心。广泛引进高层次海外创新人才。实施高层次创新型科技人才引进工程，引进一批优秀科技人才及团队。落实好外来人才“广东省居住证”制度。对经认定的外籍归国创业人才和海外优秀人才，给予相应国民待遇。取消对外籍回国人员参与创新、享受所获成果方面的政策限制。开辟人才引进的“绿色通道”，为海内外人才来广东创业、工作、生活提供“一站式”综合服务。通过粤港澳的多层次合作，借助港澳地区语言、文化和法制教育环境等的国际化和便利化，吸引和招聘更多外国高端科研人才、顶尖大学毕业生，对内充实科研创新力量，对外进一步开拓国际市场。

(七)实现经济体制改革新突破

拓展改革领域，实现经济体制、政治体制改革新突破。充分发挥特区立法权优势，率先在大湾区构建符合国际惯例和促进商业文明的运行规则和制度体系。打造高水平、国际化商事仲裁平台，建立与国际接轨的民商事法制环境。分类推进国有企业改革，调整优化国有资本布局结构，完善现代企业制度和国资监管体制，发展混合所有制经济，鼓励国有经济和其他所有制经济交叉持股、相互融合。支持优质国有企业上市,试行混合所有制企业经营者和员工持股。鼓励、支持、引导非公有制经济发展,废除各种形式的不合理规定和隐性壁垒,为民营经济健康发展创造良好环境。积极开展市场准入负面清单制度改革试点。鼓励优势企业并购重组,培育一批具有自主品牌、竞争力强的民营骨干企业。

第二节　金融创新发展

广东是我国最早实行改革开放政策、经济最发达的省份之一;香港经济发达,是国际金融、航运中心;澳门虽然面积较小,人口不多,但回归后社会稳定,经济发展迅速。近年来,随着粤港澳金融合作的不断强化,一方面,区域合作优势明显,另一方面,合作问题也很突出,特别是在金融市场快速发展的背景下,大湾区的金融发展还面临着诸多困难,亟待通过金融创新体系的完善予以应对。

一、粤港澳合作的相对优势

(一)广东省相对优势

广东省由于聚集了大量制造业,拥有庞大的技术市场,能吸收国内科技人才。技术实力强劲,地大物博,广东居全国第三位。其中专利批准数和高新技术产品产值均居全国首位。综合科技实力雄厚,土地资源丰富,其中毗邻港澳的广东拥有相对廉价的土地与劳动力资源。粤港澳的制造业主要集中在广东。因此,从市场定位来讲,港澳科技应首先瞄准广东的市场。

(二)澳门相对优势

澳门是国际自由港和低税率地区,在吸引投资和商贸方面有较优越的条件。澳门有独特的发达的旅游博彩业,可为地区财政收益提供保障,使政府能够维持低税率制度,为投资者提供优惠的税务环境。澳门回归祖国后，成为实行高度自治的特别行政区，特别行政区政府在行政、立法、司法、经济、贸易事务方面享有高度的自主管理权，可以自行制定和实施经济贸易法律政策和措施。澳门与海外市场，尤其是与欧盟和葡语地区关系密切，并享受欧盟和美国市场给予的关税和配额优惠。澳台直航后，澳门又有与台商联系方便的优势。特别在澳门回归后，中央政府和内地其他地区对澳门的经济发展提供更多支持和保障。

(三)港澳相对优势

港澳地区商贸服务与管理水平较高。尽管港澳的制造业已大量迁移广东，但贸易服务与企业管理中心仍保留在港澳，港澳具有先进的国际销售网络，管理与服务的水平在继续提高。

港澳作为自由港与国际性城市，国际人才进出自由，信息灵通，更容易集中力量从事科研成果的产业化、商品化的转化工作。港澳是世界金融中心之一，是欧美的资本投资中国的中转站。资金雄厚，能为产业升级转型提供必需的充足的资金。港澳还是世界贸易中心之一，在第三产业方面，在培养适应国际经济竞争人才方面，以及开发利用人才资源方面有着丰富的经验。

二、粤港澳区域经济合作的基本思路及存在问题

(一)基本思路

新时期，粤港澳区域经济合作的基本思路应是在"一国两制"的前提下，根据粤港澳经济转型和产业升级以及发展高新技术产业和高附加值产品的需要，按照优势互补、互利互惠、市场导向、政府引导、立足当前、兼顾长远、瞄准市场、重点突破的原则，各自发挥相对优势，共同推进科技及高新技术产业，并以此赋予金融、商贸、运输、教育等方面合作的新精神和新内容，为粤港澳经济社会的共同繁荣和发展做贡献。从战略上看，粤港澳的区域合作首先是各自相对独立地发展具有相对优势的产业，形成互补的产业结构，在此基础上加强该区域的产业配

合，在某些具体的领域或项目上可选择联合举办的形式共同发展。粤港澳经济合作关系的建立，首先得益于良好的地理条件和人文关系。从地理关系来看，广东是我国唯一与香港、澳门陆路相通的省份，具有其他地区无可比拟的优势。早在十几年前，就有不少学者认为，就地理位置、海岸地貌、天气、植被及地质而言，港澳与珠江三角洲属于同一体系，是一个整体，同是南中国门户的重要组成部分。从人文关系看，粤港澳同处于一个地理单元内，世世代代密切往来，具有相同的历史和传统风俗习惯，只是到了近代，才处在不同的政治、经济、文化发展模式中。广东与港澳地区在经济发展上各有优势。广东的优势在于劳动力资源丰富，工资成本低；土地资源丰富，使用费用低；农业和矿产资源丰富，容易开发利用；有广阔的市场，投资领域宽广。而港澳地区则具有资金充裕，技术水平较高，经验丰富和市场、投资领域宽广等优势。因此，开展粤港澳经济合作可以实现优势互补，达到共同发展和繁荣的目的。香港、澳门的回归祖国，内地的进一步改革开放，为粤港澳的空间结合奠定了政治基础。原有的历史、文化和地理基础，在新的政治经济形势下，更有利于区域经济一体化的发展。如今，粤港澳的互相促进、共同繁荣的共存关系已十分明显。

粤港澳区域经济经过近年的合作与发展，充分发挥人缘、地缘优势，取得了丰硕的成果。粤港澳经济合作，以香港制造业大举内迁广东为特征，以广东发展劳动密集型产业、港澳迅速发展第三产业为核心，香港主要发展金融、贸易、运输以及制造业的管理部分，为促进制造业发展进行配套服务，澳门则发展旅游与博彩业。粤港澳各有特色的发展与合作，使得区域经济与基础设施获得较快发展。但这种合作模式发展至今已难以适应新的经济形势，当前国内外经济环境的变化迫切要求粤港澳区域经济合作以发展科技和高新技术产业来带动相关产业升级转型，增强产品的市场竞争力。

港澳经济与广东经济唇齿相依，把粤港澳经济作为一个整体来看，都必须提升产业层次，才能在新的环境中具有较强的竞争力。粤港澳的合作必须具有新的精神、新的内容。粤港澳只有各自发挥相对优势，在科技与高新技术的引领下带动相关经济的发展，提高产业层次，促进产业升级转型，才能真正实现进一步推动粤港澳区域经济合作向更高层次的发展。

（二）存在问题

首先，粤港澳区域合作层次不高。粤港澳区域的产业合作以港澳轻型、劳动密集型加工制造业大举内迁广东为主，企业规模偏小，产品技术含量低，以出口为导向，对国际市场的依存度较高；港澳则相对出现产业空心化。其次，粤港澳区域合作领域不广。从行业看，目前合作主要集中于制造业、贸易、旅游等方面，外商在商业零售、物资供销、金融、科技、信息和法律等方面仍然受到限制；从地域看，目前应把珠江三角洲与港澳的紧密合作，迅速向东西两翼和广大山区推进。此外，过去比较注重与香港的合作，而与澳门的合作还没有充分展开，使澳门进入欧洲市场、拓展广东外贸的潜力还没有充分发挥。

粤港澳经贸合作是在经济利益驱动下，通过优势互补、互惠互利展开的。随着粤港澳区域经济实力的增长，在各自的经济发展过程中，特别是在大型基础设施建设上，未能妥善处理好合作与竞争的关系。资源配置不尽合理，造成不必要的重复建设。因此，迫切需要粤港澳政府对涉及粤港澳区域经济发展的重大问题进行有效协调。另外，尽管广东事实上已成为港澳贸易加工生产基地，但澳方重视不够。

港澳作为自由港，市场经济制度较成熟，市场规律作用发挥较充分。而广东的市场经济体制尚未健全，市场体系和机制也不完善，特别是某些领域的改革，如金融、口岸、企业管理和投融资管理等，更未能适应与港澳和国际接轨的需要。由此造成了彼此运行机制不协调，在一定程度上削弱了粤港澳区域的发展优势和参与国际竞争的合力。另外，广东某些“软环境”仍影响投资者信心。如有的地方政府和部门办事效率不高、政出多门,“三乱”屡治不止;缺乏对“三资”企业的有效管理,企业通过“假亏”转移利润及边境走私现象还不时发生。部分地区社会治安恶化影响了外商投资信心。

三、加快金融创新体系发展

近年来,大湾区金融机构互设步伐加快,金融服务功能明显增强,金融市场能级不断提高,金融市场合作和对接不断深入,促进投融资业务便利化,金融基础设施实现互联互通取得明显成效。但同时存在金融地位有待提升,自身发展基础实力尚待提高;区域发展不均衡,金融资源配置能力不足、运用效率不高;金融市场体系不健全,金融服务功能尚需完善;粤港澳金融合作不够紧密,风险防范压力较大等多重挑战。有鉴于此,加快金融创新体系发展,十分必要。

(一)大力发展金融新业态

创新金融新业态是大湾区发展的重中之重。巩固好、发挥好、发展好香港国际金融中心的特殊作用,明确各自定位,错位发展,绿色发展,探索新常态下金融业有突破性进展,建设全球重要的金融中心。建立完善“互联网+”金融产业生态链,推进金融新业态集聚发展,建设金融新业态产业园。规范发展互联网金融、供应链金融、科技金融、电商金融、消费金融等金融新业态,着力打造大湾区金融业新增长点。支持金融新业态企业通过上市、新三板挂牌等方式,融资扩大资本规模和竞争力,加快培育金融新业态龙头企业。引导传统金融机构加快互联网金融创新,利用互联网、云计算、移动通讯、大数据等技术推动金融产品创新和转型升级。积极配合人民币国际化战略,依托毗邻香港国际金融中心的区位优势,进一步打通本外币、境内外、在岸离岸市场的对接合作路径,持续拓宽跨境资金融通渠道,完善跨境资产交易机制,构建跨境人民币资产市场。支持银行、证券、保险等金融机构顺应利率汇率市场化趋势,创新金融工具和服务,完善金融资产定价机制,加快业务转型发展。支持银行业开展知识产权质押贷款、股权质押贷款等新型信贷业务，积极探索投贷联动等新型融资模式，创新提高信贷融资服务功能。创新发展多层次金融市场，促进金融资源优化配置流转。

(二)大力发展专业金融

积极推动产业金融、民生金融、财富管理、私募金融、绿色金融、普惠金融等专业金融领域加快发展，促进产融结合与共生发展，增强对产业发展和民生服务的金融支持力度，建设更具辐射服务能力的产融结合示范区。加强大型企业集团财务公司、租赁公司、消费金融公司等非银行法律机构的培育和发展，建设大湾区总部基地。积极吸引商业银行的区域总部、财富管理中心、产品创新中心、信用卡中心等落户大湾区。鼓励国内外银行机构在大湾区设立分支机构、专业支行等专业化机构网点，提高金融服务效率和效益。鼓励金融机构提升自身职能定位，创新服务方式，多渠道开辟和增加长期低成本资金来源。探索在湾区设立深圳保险资产交易所、跨境金融资产交易平台、国际产权交易中心、股权交易中心。支持前海建立国家保险创新中心，南沙建立国家金融后台服务中心。引导和鼓励银行发展境外业务，为企业走出去和参与“一带一路”建设提供良好的金融服务。引导金融机构通过优化自身信贷结构，加大对走出去企业的信贷支持力度。支持符合条件的境内金融机构和企业在境外发行人民币债券和外币债券。大力发展普惠金融，积极支持各类金融机构与互联网企业开展合作，依法依规发展网络银行、网络保险、网络证券、互联网支付机构、网络借贷平台、股权众筹融资平台、网络金融产品销售平台等互联网金融机构创新产品和服务。鼓励支持银行、证券、保险等传统金融机构，创新服务模式和产品，支持实体经济发展。鼓励多种机构、多种业态的微型金融组织发展，促进金融业与其他产业融合发展。深化国际金融合作，拓宽金融合作领域，进一步扩大与周边国家双边本币互换规模和范围，完善人民币跨境清算安排，促进人民币离岸市场发展。鼓励境内机构和个人使用人民币对外直接投资。

(三)建设国际一流金融聚集区

大力优化金融空间布局,建设国际一流金融集聚区,积极构建特色金融功能区,建设公共信息信用平台,完善金融相关中介服务,支持法人机构做大做强,营造优良金融生态环境,促进金融产业要素资源加速集聚和优化配置。借鉴纽约华尔街、伦敦金融城等国际先进金融聚集区的发展经验,优化金融空间布局,高标准建设国际一流金融聚集区,大幅度提升金融业综合承载能力,拓展金融业发展空间,推进金融产业集聚发展。以福田中心区及益田路两侧金融富集资源为基础,高标准打造深圳金融街和金融核心商务区。规划建设深圳、广州 CBD 国际金融总部生态区,打造高端金融服务、财富管理集聚地,进一步引进国内外金融机构总部、区域总部和业务营运总部。支持国内外有影响力的金融机构在大湾区设立投资管理、产品研发机构进驻深圳金融街。在深圳金融街设立国际金融创新中心,不断满足金融发展的多种功能需求,打造大湾区金融新名片和新地标。发挥大湾区科技企业集聚优势,增强科技金融功能,发展股权投资、商业保理、融资租赁等创新型金融业态,推动科技园金融集聚建设。积极支持民间资本、国有资本、外商资本等各类社会资本进入金融行业,支持按规定发起或参与设立的自担风险民营银行、金融租赁公司、消费金融公司等,鼓励参与传统金融机构改革,支持民营金融机构通过境内外上市做优做强,着力培育一批新兴金融领军企业。支持设立中小企业专营融资服务机构,引导小额贷款公司等规范发展,建立健全法人治理机制和风险管理体系。支持大型民营企业、上市公司、高净值个人、资深金融从业者等。发起成立私募投资基金或基金管理机构,提升民营金融在资产管理行业中的比重和地位。支持社会资本发起设立有特色、专业化的融资担保企业,引导有条件的区域投资设立政策性融资担保和再担保机构。支持国有资本参与金融业改革试点,围绕产业链、价值链参与发起设立金融公司等。支持各类金融要素市场跨区域发展,规范发展各类交易中介机构,推动金融及要素资产跨城市、跨区域配置。建立区域金融交流合作机制，支持湾区的各类金融机构和金融要素市场在“长三角”、中西部等地区设立分支机构，提高辐射影响力和外溢发展能力。

(四)强化金融智力人才支撑

实施以人才强湾区战略，完善金融人才服务政策体系，优化金融人力资源配置，加大高层次、创新型、国际化金融人才的开发、引进和培养力度，加强金融专业研究机构和智库建设，把深圳建设成为全国性金融人才中心，为全市金融改革创新和金融中心建设提供有效智力支撑。推动建立大湾区金融智库基地，优化金融人力资源配置，加大高层次、创新型、国际化金融人才的开发引进和培养力度，加强金融专业研究机构、研发中心建设，把大湾区建设成为全国性金融人才中心，为金融创新发展提供智力支撑。联合金融监管部门和金融机构共同打造集金融科研、学术交流、人才培训为一体的金融人才培训基地。支持金融机构，创新金融人才引进方式，大力引进海内外高端金融人才和紧缺金融人才。创新人才评价、流动激励机制，促进金融机构建立健全收入与业绩合理挂钩、科学体现人才价值和贡献的薪酬分配体系，充分调动金融人才的积极性和创造活力。支持中山大学、华南理工大学、暨南大学等高校进一步加强金融学科建设、理论研究创新和开展高端金融人才教育培训工作。加强粤港澳合作办学，共建横琴国际金融大学。推进金融机构与高等学校深度合作，开展金融产业高端人才培训，共建重点实验室、工程技术研究开发中心，打造金融产学研一体化平台。大力支持广东各高校和科研机构与港澳大学和科研机构开展合作办学以及金融理论研究。

(五)加强粤港澳金融深度合作

进一步巩固好、发挥好、发展好香港国际金融中心地位，发挥粤港澳各自金融优势，明确各自定位，探索经济新常态下粤港澳金融业的良性互动发展，全方位深化粤港澳在金融业务、机构、人才等领域的合作，加强粤港澳在跨境金融业务创新、金融产品互认买卖和金融从业资格互认，以及“深港通”、保险市场互联互通等领域合作，在本外币、境内外、在岸、离岸市场之间加强对接合作，支持粤港澳金融业融合发展。进一步提升粤港澳金融合作层次，在重要领域和关键环节改革取得突破。研究建设深圳在岸人民币数据中心与香港离岸人民币中心紧密结合、后台业务与前台业务有效衔接，实现香港与深圳金融业创新发展、错位发展、绿色发展。发挥区域金融优势，打造国家金融后台服务中心。支持前海率先在金融综合化经营、利率汇率市场化、人民币资产交易试点、人民币国际化和资本项目下可兑换等领域和关键环节先行先试。全面深化粤港澳金融更紧密合作，在CEPA框架下不断推进金融合作先行先试。建立粤港澳更加紧密的协同推进金融合作工作新机制。支持符合条件的港澳资金融机构在湾区设立法人机构、分支机构和后台服务机构，参与发起设立新型金融机构（组织），参股地方法人银行改革。支持香港和内地的证券公司合作在湾区设立证券投资咨询公司。鼓励香港保险代理机构在湾区设立独资或合资公司。支持粤港澳金融机构合作为跨境重大基础设施建设提供银团贷款、保险等综合金融服务。支持港澳资企业在境内资本市场直接融资。深化保险合作，为跨境出险客户提供查勘、救援、理赔等保险服务。加强粤港澳创业投资、租赁融资和产业投资基金等合作。支持深圳证券交易所和香港联合证券交易所加强合作，支持符合条件的企业在深港两地创业板市场跨境上市。研究设立粤港合作建设期货交易所。

（六）创新“一带一路”投融资体系

在我国资本市场和货币市场进一步开放的背景下，借助人民币国际化和利率市场化改革的有利契机，通过联合开发跨境融资工具、跨境金融、离岸金融等多种方式，支持银行业金融机构通过并购贷款、股权投资、项目投资、产业基金、金融租赁、银团贷款、买方信贷等多种手段，与沿线国家金融体系、跨境金融监管等方面深度融合，服务我国企业

"走出去"和"一带一路"重点项目建设。支持保险机构发展海外投资保险、海外租赁保险业务,为企业海外投资、产品技术输出、重大工程建设提供综合保险服务。以建设中国东盟自由贸易区为契机,深化湾区与东盟金融交流合作。充分发挥粤西地区在与东盟金融合作的"桥头堡"作用,建立资金融通、交流和协调机制,建立健全大湾区—东盟区域支付结算体系,加快推进与东盟各国跨境人民币结算试点。支持湾区金融机构延伸在东盟地区金融服务链条,加强与东盟金融机构在结算、信贷、担保、咨询等方面的合作,为经贸往来提供便利的金融服务。建立大湾区融合发展资金保障机制,设立粤港澳大湾区融合发展产业基金。

第三节　加强基础设施互联互通

近年来,粤港澳产业深度融合,高新技术产业和现代服务业蓬勃发展,进入了协同发展新阶段。加快粤港澳大湾区融合发展,交通支撑能力建设至关重要。为此,有必要在对交通航运发展现状与问题进行研究的基础上,根据粤港澳大湾区融合发展对综合交通的要求,提出下一步的发展思路、重点和对策建议。

一、发展现状

(一)航空运输

粤港澳大湾区现有广州白云国际机场、深圳宝安国际机场、珠海金湾国际机场、香港国际机场、澳门国际机场等5个大型民用机场,珠海九州、深圳南头2个直升机场以及若干军民合用和军用机场,拥有世界上客货吞吐能力最大的空港群。其中广州白云国际机场为全国三大枢纽机场之一,深圳宝安国际机场为大型骨干机场。本区域是国内航空运输最繁忙的地区之一,不仅是京广和沪广航路的汇聚点,而且是连接港澳和内地的重要空中交通枢纽。该区域内民航飞行主要由广州、香港管制部门及珠海进近管制中心提供空中交通管制服务。

(二)水路运输

本区域已经形成以广州港、深圳港、珠海港为主要港口,惠州港、虎门港、中山港、江门港为重要港口的分层次港口发展格局,主要港口出海航道均能满足 5 万吨级船舶通航。形成千吨级内河骨干航道网络。截至 2015 年年底,在海运方面,全省港口与国外港口结为友好港口 51 对,共开通国际集装箱班轮航线 286 条,国际航线基本覆盖全球大部分国家。截止到 2015 年,广东省港口货物年通过能力达到 16 亿吨,位居全国第二,其中集装箱年通过能力达到 5500 万 TEU,位居全国第一。

(三)陆路运输

1. 铁路运输。1996 年京九铁路正式开通,2007 年深圳福田口岸及香港落马洲铁路支线开通,2011 年贯穿华北、华中、华南与香港的高速铁路客运专线最南端——广深港高速铁路客运专线广深段正式开通,预计全线通车后,香港到广州将缩减至 40 分钟,将显著改善粤港联系。依托黎湛、京广、京九、沿海等横穿东西、纵贯南北的铁路大通道,本区域可以通过国家铁路网并经中部地区、西北地区和欧亚大陆桥的铁路相连接,货物可以直达欧洲,目前已经开通粤满欧、粤新欧等多趟货运班列。同时,粤港澳大湾区通过湘桂铁路可以到达越南,随着广东到湛江、南宁铁路建设,与东盟直接的铁路运输能力得到增强。在轨道交通方面,连接粤澳的广珠城际轨道规划在横琴岛下湾站兴建直通澳门路凼的接轨支线,以便将来广珠城际轨道连接澳门轻轨,形成连接广州、横琴与澳门的快速客运网络。

2. 公路运输。截至 2015 年年底,广东省高速公路通车里程达到 7018 千米,位居全国第一,公路通车总里程达 21.6 万千米,公路密度为 121.4 千米/百平方千米,全省干线公路网络不断完善。从粤港之间的公路联系看,粤港之间陆路跨界通道交通流量年均增长率约 5%,为应对交通流量的不断增长,先后修建了广深高速、广深沿江高速等多条公路,深港第 6 条公路跨境口岸深港东部通道将于 2018 年完成。连接粤港澳的港珠澳大桥主体桥梁于 2016 年 9 月 27 日正式贯通，大桥开通后对于加强珠三角西部地区与香港的联系将起重要促进作用。可以说，粤港澳的陆路交通已经四通八达，对于促进粤港澳的人流、物流从而推动该区域更紧密合作极为有利。

二、存在问题

（一）缺少统筹规划

尽管粤港澳大湾区内部的社会经济联系日益紧密，一体化进程不断推进，但由于整个大湾区分属不同的行政主体，缺乏统一协调规划，影响了交通基础设施整体效益的发挥。粤港澳在本行政区内的规划建设，都重视本地道路的建设，规划建设了多纵多横的主干道路系统，却缺乏与相邻地区的衔接协调，致使高等级公路未能相连成网而发挥不出应有的作用。在轨道交通方面，香港的轨道交通发展规划局限在香港境内，较少从与珠三角的衔接、协调角度考虑。澳门甚至没有轨道交通设施。

（二）交通网尚不完善

道路交通具有成网后才能有效发挥作用的特性，目前粤港澳大湾区内交通网尚不完善，主要表现在以下两个方面：一是目前粤港澳大湾区内尚未形成合理、完善、快捷的铁路网、公路网，公路与公路之间、铁路与公路之间、公路的段与段之间存在许多“断点”，道路交通有待进一步相互贯通。二是在珠三角区域内，局部路段供需矛盾也较突出，交通拥堵现象较为严重。如广深高速已不堪重负，广佛高速的拥堵情况也十分严重，不适应物流客流快速流通的需要，通达性有待提高。

（三）港口群和机场群过度竞争问题较突出

首先，区域内大型基础设施的运转都需要高额的成本，如维持一个机场和港口的日常运营需要庞大的资金，且港口、机场都有一个很大的服务半径，有一个基本的流通量要求，如果一个区域内有太多相同的基础设施，必然造成内部过度竞争、低效投资和资源浪费。粤港澳大湾区内拥有广州、深圳、珠海、香港和澳门机场五大机场，再加上汕头、梅州、湛江等的机场，则有大约十个之多，是国内机场最密集的地区。因此，航空客运方面粤港竞争趋势加剧，有些机场由于客货流量有限，经营举步维艰。过去几年，广州机场客运吞吐量在整个大珠三角机场客运吞吐量市场份额中以每年 1%的速度扩张，而香港则以每年 1%的速度萎缩。目前香港致力开辟内地航线，广州和深圳则着力开辟国际航线，形成不良竞争。其次，港口方面，目前珠三角区域遍布着广州港、深圳港、虎门港、中山港、珠海港等诸多港口。各港口在发展过程中，为了维护自身利益，出现了各自为政、恶性竞争的局面，港口之间无论是在硬件设施还是在软件环境上都没能形成优势互补、合理分工，大大削弱了珠三角港口群的综合竞争力，难以形成枢纽港和支线港“共赢”的局面。

(四)珠江三角洲东西两岸的连接通道不足

珠江三角洲区域以珠江水系为屏障，天然划分东西两岸。珠江西岸以珠海、中山、佛山、广州番禺为主，珠江东岸以深圳、东莞、惠州为主，东西两岸的经济高速发展，交通发展的水平很高。值得注意的是，虽然广东是全国高速路网最密集的地区，而粤港澳大湾区是最密集区域的核心，但是鉴于自然条件的限制，东西两岸的连接通道不多，多年来珠江口东、西两岸间的来往公路通道主要为虎门大桥，其余靠水平不高的水上通道，或靠绕行广州到深圳的南北向交通走廊来实现东西两岸间接连通，无铁路和轨道交通连接，大大制约了湾区的商贸往来，给两岸人民出行带来很多不便，严重制约了区域交通一体化的形成，制约了珠三角区域经济一体化。

(五)跨境通道和口岸设施不能满足需求

随着粤港澳区域合作不断深入，限制区域要素流动的制度障碍进一步消除，进一步扩大粤港、粤澳间在货物贸易、服务贸易以及贸易投资便利化方面的合作，尤其是在服务业方面合作的加强，推进跨境客运量的大幅提升，导致跨境主要通道超负荷运作、口岸设施不能满足需求。香港、澳门均处于陆路交通网络末梢，口岸设施与通关量、通关需求不符。

(六)空域资源紧张

自20世纪90年代以来，为适应珠三角地区空中交通流量的发展，在国家空管委、民航局的领导以及相关各方的共同努力下，珠三角地区多次进离场航线分流，划设了多条临时航线，先后完成了高度层改革、航路移交、过渡高度层改革等重大改革；分别于1999年和2005年建立并启用珠海进近管制中心和广州区域管制中心。随着广州新白云国际机场、深圳宝安国际机场二跑道和广州白云国际机场三跑道扩建等大型民航基础设施建设，空域资源趋于紧张，与此同时，空域结构不合理、区内各机场进离场航线交叉重叠等不断凸显。因此，空域问题对广东、香港及澳门民航与地方社会经济快速、协调发展的“瓶颈”效应日益凸显。在推进粤港澳大湾区融合发展的过程中，解决珠空域资源紧张问题刻不容缓。

(七)交通运输建设管理缺少协调

尽管珠三角区域经济一体化已达到较高水平，但珠三角区域交通没有形成统一规划、统筹建设和统一管理的协调发展局面。交通建设仍是各自发展，自成体系，导致区域内干线运输网络不完善；交通运输服务体系也缺乏协调和统一管理的合作机制；区域一体化交通运输市场还没有完全形成。在珠三角区域各城市内部呈现比较有序的状态(局部有序)，但整个珠三角区域处于一定的无序状态(整体无序)，阻碍了区域交通一体化的有序发展。

目前，珠三角综合交通体系的各个组成部分归属不同部门(行业)管理，例如，公路水运由交通部门管理，铁路由铁路部门管理，航空由民航部门管理，市政道路、轨道交通和公共交通由各个城市管理。各管理部门发展的积极性比较高，但在管理制度、技术标准上的差异比较大，由于管理体制的原因，难以实行有效协调，发展的盲目性也比较大，无法形成区域一体化大交通的管理思路和管理机制。

三、构建互联互通的交通航运系统

交通航运系统的互联互通是粤港澳深度融合和“一带一路”建设的优先领域，要针对大湾区交通航运的现实问题，把基础设施建设放在突出位置，按照网络化布局、一体化衔接、智能化管理、绿色化发展原则，加快构建布局合理、功能完善、安全高效的现代化基础设施体系。

（一）建设国际航运枢纽

统筹推进珠三角、粤东、粤西三大港口群协调发展，以广州港、深圳港为龙头，以珠海港、湛江港、汕头港及潮州港等周边中小港口为支撑，联合香港构建错位发展、合作共赢的世界级港口群，将广州港、深圳港、珠海港、湛江港、汕头港建设成为海上通道重要支点。强化深圳港、广州南沙港的远洋枢纽港功能，携手构建开放合作的国际化港口群，打造国际航运服务中心。积极推动沿海港口深水港航道和疏港铁路、公路建设。改善大湾区内河航道等级结构和通达水平，重点抓好北江、西江航道扩能升级工程。发展综合运输，构建综合客货运枢纽体系，积极发展公铁水联运、江海联运等，建设海陆空综合运输大格局。启动铜鼓航道二期工程、盐田港东港区、大铲湾二期和宝安综合港区建设，加快南山港区妈湾作业区海星码头改造工程、太子湾国际邮轮母港建设。建设粤东、粤西现代化港口群。构建集信息采集、处理、发布、交换、共享等功能于一体的信息系统，提高港口码头关键设备的自动化水平，推进智能化流程优化与控制、管控一体化等应用。积极实施珠江门户战略，大力推进江海联运、水水中转及无水港建设。重点推进西江、北江等航道扩能升级重点工程。完善珠三角高等级航道网，提升珠江出海口的航道通过能力。推进内河船型标准化，启动大湾区“智慧港口”建设。拓展国际中转等高端增值环节，积极发展航运经纪、航运保险等现代航运服务业。加强与沿线国家重要港口的合作，共建友好港口、盈港物流园区和产业园区。连接海上物流通道，提升班轮航线密度，有效发挥大湾区联系沿线国家的重要纽带作用。

(二)建设国际航空枢纽

将大湾区机场群建设成为“一带一路”重要航空门户。提升广州、深圳机场国际枢纽功能,加快机场综合性集疏运体系建设,深化珠三角机场合作,开辟直通国际枢纽城市航线航班,加快建设国际航空枢纽。优化机场网络结构,加强枢纽机场和干线机场建设,完善支线机场布局,形成以香港、深圳、广州三大机场为国际航空枢纽,汕头、珠海、湛江为门户枢纽,支线机场为支撑的机场网络体系。改造广州白云国际机场,新建深圳第二机场和湛江(茂名)机场,建设云浮、汕尾、阳江、河源、韶关、怀集、连州等一批支线机场。加快现有支线机场改造与扩建,进一步完善现有支线机场设施设备。完善多层次航空运输服务体系基础设施建设,拓展航空配套服务市场,整合区域航空资源,提升枢纽机场其输运能力。增加与“一带一路”沿线国家的航空客运航线,开通一批国际直飞航线。加强与沿线国家主要航空港的协作,构建与沿线国家主要城市“4 小时航空交通圈”。加快发展通用航空产业,打造面向东南亚的跨境通用航空飞行目的地。实施航空产业发展行动计划,发展航空制造、航空物流、飞机租赁、航空维修、航空服务等临空产业和航空产业。大力发展以航空枢纽和航空运输为依托的高新技术产业和现代服务业,重点发展电子信息、飞机维修与制造、飞机租赁、跨境电商等业态,引导产业集群发展。

(三)建设国际陆路通道

加强“一带一路”国家陆路骨干通道网络建设,加快建设与海西经济区、北部湾经济区、长江经济带对接的高速公路通道,强化“一带一路”沿线地区的通道项目建设,贯通至中亚、欧洲的陆路物流通道。以“畅内网、联外网、优衔接”为目标,推动建设大湾区高速公路网。“畅内网”,加快国家高速公路网粤境段和跨珠江口通道建设,有序实施瓶颈路段的改扩建,畅通城市群的内部通道和对外通道,加强珠三角对粤东西北地区的辐射。“联外网”,建成出省和连通港澳的高速公路,实现与各陆路相邻省区之间拥有5条或以上高速公路通道，全部建成通港澳的6条高速公路通道。“优衔接”，加强高速公路与普通公路的衔接，推进与高快速路接驳的公路的升级改造，完善高速公路互通立交设置，进一步提升“县县通高速”的成效，强化高速公路对县域、中心镇及重要经济开发区的辐射作用，外通内连的高速公路主骨架网络进一步完善，为充分发挥我省连接港澳、辐射泛珠、服务全球的区位优势，率先基本实现现代化奠定坚实基础。新开工深中通道海中桥隧主体工程、罗定至信宜（粤桂界）、玉林（省界）至湛江高速公路等项目，实施沈海高速公路等拥堵路段的改扩建工程；建成通车港珠澳大桥、汕昆、武深高速公路等项目。配套完善道路安全防护设施和交通管理设施设备，构建联通内外、安全通畅的综合交通运输网络。

（四）建设出海铁路大通道

加快建设大湾区与西南、中南、长江经济带等地区联系的区际通道建设，重点建设“一带一路”出海大通道，提高区域内以及与周边地区和国家的互联互通水平。贯通珠江三角洲至西部地区的铁路，打通南北新通道，推进琼州海峡跨海通道、湛江铁路扩能，建设深圳至赣州、韶关至柳州等铁路项目，推进深茂铁路、赣深客专、广汕客专等珠三角经粤东西北至周边省（区）高快速铁路通道建设，基本形成东联海峡西岸、沟通长三角地区，西通桂黔、辐射大西南地区，北达湘赣、连接中原地区的高快速铁路网络骨架。加快高速铁路网建设，推进珠三角地区城际轨道交通建设，推进沿海客专以及深惠、深莞、深珠城际轨道等建设，建设广深港客专深圳福田至香港段、穗莞深城际轨道，努力建设综合性铁路枢纽，实现2020年“市市通高铁”的目标。提升海铁联运能力，积极推进东莞石龙广东多式联运基地与深圳东西部港区的海铁联运业务。推进粤新欧、粤蒙俄等国际班列，逐步形成通往“一带一路”沿线国家及内陆省区的集疏运通道。构建经广西、云南至东盟地区的铁路通道，共同推进与东盟地区陆路通关便利化，开通至东盟国家的客、货运班车的直达运输。完善粤港澳跨境运输体系，促进湾区内交通全面对接，拓展更广阔的经济腹地和发展空间。

（五）建设国际信息枢纽

深入实施“宽带中国”战略，强化大湾区区域经济枢纽建设，加快区域网络基础设施建设升级，强化信息网络安全。加强广州、深圳等国家级互联网骨干直连点互联工程建设，实施省际骨干网络优化工程，合理布局大湾区内骨干网核心节点，提升网络传输能力及网间互联互通水平。开展“宽带中国”示范城镇创建工作，推动贯彻实施光纤道路国家强制标准。实施大数据战略，合理布局建设大湾区数据中心，打造世界级信息港群。建设大湾区连接东南亚、南亚等跨境光缆，完善空中（卫星）通信通道，为“一带一路”沿线国家提供多元优质的电信服务。积极推进中国—东盟信息港建设。建设服务大湾区以及东南亚、南亚的国际呼叫中心。加强网络信息安全保障，构建信息安全防护体系。

（六）建设水利能源保障体系

完善水利基础设施体系，提高水利保障能力。建设综合防洪抗旱减灾体系，加强水资源保护与开发利用，强化大湾区水资源管理。改造大湾区防洪供水安全，确保大湾区供水安全。实施“治水升级、清水乐民、清水强基、运水汇能、强水攻坚、慧水发展”六大战略，实施大江大河治理与中小河流综合治理并重，完善流域防灾减灾体系，实施中小河流综合治理、海堤达标加固、山洪灾害防治和城市内涝整治工程。统筹实施珠江干支流河道崩岸治理及河道综合整治工程。共同推进珠江流域综合整治开发，联合实施水源涵养和水土保持能力提升工程。落实最严格的水资源管理制度，严守水资源开发利用控制、用水效率控制、水功能区限制纳污控制指标三条红线，严格水功能区监督管理。实行严格的河湖管理与保护制度，促进河湖休养生息。强化珠江流域水资源的统一管理、统一调度，合理调配生活、生产和生态用水，大力推进节水型设备建设。

（七）加强电源与电网建设

加强电源与电网建设，开展电力输送以及煤炭、油气储运合作，为促进粤港澳融合发展提供稳定、安全、可靠的能源保障。稳步推进核电项目建设，积极开发风能、太阳能、生物质能、海洋能等新能源，推广多能互补的分布式能源。加强大湾区与西北、东北、西南和海上油气运输通道深化合作。推进西气东输三线、新疆煤制气管线等油气管道建设，完善和扩大油气管网覆盖范围，建设路上能源供应安全通道。推进西南能源基地向大湾区输链通道建设。

第四节　深化投资贸易交流合作

不断深化投资贸易领域的交流合作，是建设粤港澳大湾区和推进“一带一路”建设的重要内容。当前，粤港澳贸易往来密切，交流合作机遇前所未有，但还存在较多壁垒和障碍。鉴于此，应全面深化粤港澳与泛珠三角区域和东盟国家以及世界各国的经贸合作，更好地发挥世界一流湾区的辐射作用，建设一批经贸合作示范园区、商品展销平台，促进海外华商参与大湾区和“一带一路”建设。

一、投资贸易领域合作现状

2016 年，粤港、粤澳合作联席会议分别签署了 5 个、12 个合作项目协议，涉及投资、贸易、旅游等多个方面，努力推动粤港澳区域经济合作再上新水平。

在投资贸易合作方面，港澳系广东吸收境外投资的最大来源地。截至 2016 年 6 月底，在粤的港资企业（不含分支机构）实有 53211 户，注册资本 2290.98 亿美元，分别占全省外商投资企业户数的 61.75％和注册资本的 52.26％。澳资企业 3648 户，注册资本 82.12 亿美元。全省实有港澳居民个体工商户 7560 户（占全国 7 成以上），资金数额 6.05 亿元，同比分别增长 11.39％和 14.83％。同时，广东省作为香港主要的进口货物供应地，也是香港最大的转口市场及最大的产品出口市场。香港的转口货物有大半都来自广东的珠江三角洲地区。另一方面，香港又一直是广东外销产品的主要转口港。2015 年 1 月—10 月，粤港进出口贸易额（含转口）为 2.62 万亿元人民币，占同期进出口贸易总额的 52.1%。2014 年，粤澳进出口（含转口）总额为 215.80 亿元人民币，同比增长 2.74%。与此同时，从 2016 年 3 月 28 日起粤港海关正式推出“跨境一锁”计划，即双方共同认可和使用同一把电子关锁及全球定位系统设备，各自分别依据内地与香港法规对经陆路转运的同一运输车辆所载货物进行监管，减少同一批货物分别在粤港两地进出境时被海关重复查验的概率，实现监管互认。启用使用该模式的车辆在口岸海关停留时间将由原来的半小时以上减少至 5 分钟以内，为企业节约超过 10%的货运成本。目前，该项目已覆盖香港国际机场和葵涌货柜码头等 12 个主要清关点，广东境内涵盖广州和深圳机场、快递转运中心、码头、海关特殊监管区域、快件监管中心、跨境电商园区等 27 个清关点，基本涵盖内地各类型海关监管场所。

此外，港澳资金融机构加速在广东自贸区集聚发展。粤港澳服务贸易自由化和广东自贸区框架下的《负面清单》减少了对外资企业的限制条款，吸引了港澳资金融机构向广东自贸区集聚发展。港澳地区落户南沙的金融和类金融企业 100 多家，占外资企业的 76%。南沙还积极发展融资租赁业务，全区 147 家融资企业中大部分为港资企业。前海成立了全国首家 CEPA 框架下的消费金融公司和恒生前海基金管理公司。中国证监会已受理汇丰银行与前海金控、东亚银行与前海金控设立合资证券公司的申请。横琴引进港澳资金融企业 79 家，目前，澳门大西洋银行也已递交筹建广东自贸区分行的申请。

二、投资贸易合作面临的机遇与挑战

（一）面临的机遇

近年来，粤港澳当地政府推进合作的力度以及当地社会业界对推动合作的动力都是前所未有的。当前,国际产业向亚太地区转移的趋势不会改变,亚洲区域经济合作与交流方兴未艾,中国—东盟自由贸易区进程加快;我国仍处在重要战略机遇期,工业化、信息化、城镇化、市场化、国际化深入发展,粤港澳区域经济加快融合,经济发展实力强劲。特别是经过改革开放30年发展,珠三角地区已积累了雄厚的物质基础,经济实力、区域竞争力显著增强,这些都为粤港澳地区加快改革发展提供了有利条件和广阔空间,并通过大湾区的建设将粤港澳区域建成一个优势互补、分工合作、全球最具核心竞争力的大都市圈。

2009年《珠江三角洲地区改革发展规划纲要》获得国家批准,粤港澳合作协议顺利签订,前海开发、横琴开发进入国家"十二五"规划重点项目中,广东充分发挥自身毗邻港澳的区位优势实现转型升级。大力推进粤港澳合作,将使港澳的服务业发展优势和珠三角世界级制造业基地结合起来,再创新辉煌。香港要维护和提升国际金融、贸易、航运中心地位要有发展新思路,借助珠三角产业转型升级的契机,使服务业向珠三角延伸和拓展空间,避免未来出现地位边缘化等问题。澳门要保持经济的活力和经济多元化,必须借助内地周边腹地,大力加强同深圳和广东其他城市的经济合作,澳门经济才有发展潜力。

为此,《珠江三角洲地区改革发展规划纲要》提出了探索科学发展模式试验区、深化改革先行区,扩大开放的重要国际门户、世界先进制造业和现代服务业基地、全国重要的经济中心的发展目标,为日后粤港澳大湾区的合作发展提供了广阔的机遇和前景。政策赋予了珠江三角洲地区发展更大的自主权,要求其继续承担全国改革"试验田"的历史使命,先行先试,大胆探索,在重要领域和关键环节率先取得突破。这也为粤港澳大湾区致力于坚持高端发展的战略取向打下了良好的基础,培育了一批具有国际竞争力的世界级企业和品牌,打造了若干规模和水平居世界前列的先进制造产业基地,建设了与内地区域错位发展的国际物流、航运、金融、贸易、旅游以及科技创新中心。在这过程中,坚持"一国两制"方针，推进粤与港澳的融合发展和紧密合作，共同打造亚太地区最具国际竞争力和活力的城市群。最终，粤港澳大湾区要形成资源互补、梯度发展、产业关联的多层次产业圈，综合实力将位居世界湾区的前列，成为带动全国发展的一个强大引擎。大湾区的建设加大拉动民间投资力度，努力促进外贸出口，同时也落实了中央关于扩大内需的各项部署，最终形成促进经济增长的合力。

(二)面临的挑战

粤港澳大湾区是在"一国两制"下建设，"一国两制"下粤港澳区域合作开始进入深水区，协调工作不易。广东广州、佛山、肇庆、深圳、东莞、惠州、珠海、中山、江门等与香港、澳门两个特区政府的协调工作由于制度、法律和文化的差别而面临挑战，粤港澳发展中诸多深层次问题需要通过区域深度合作来解决，但同时由于区域协调上的不畅通，协调工作方面存在诸多困难；在不同的制度与城市之间，涉及产业布局、土地利用、信息互通、资源共享、交通能源等方方面面，需要在"一国两制"下寻找合作的突破口，如何让人流、物流、资金流、信息流真正高效便捷地流通，均面临需要解决的困难和问题；在粤港澳大湾区建设条件下，如何协调和处理好自贸区与大湾区、CEPA与旧经贸协议和珠三角规划纲要、粤港澳合作框架协议与大湾区城市群发展规划的制度对接、规划协调等相互关系，等等；要把粤港澳大湾区打造成为全球科技创新中心、全球先进制造业中心、国际金融航运和国际贸易中心，人才特别是国际高端人才缺乏问题，需要培养一批具有国际知名度和竞争力的高等院校群提供强大的智力支持；建设粤港澳大湾区可以通过"扩散效应"，向大湾区外的城市扩散、辐射，带动周边地区的经济增长，但是在政策倾斜下，各方均大力推动大湾区发展，经济资源和生产要素集中流向大湾区，周边不发达或相对落后的城市，则会因为政策的不平衡，以及资源、生产要素流失，导致城市之间发展差距进一步扩大；建设粤港澳世界级大湾区，不但要以国际一流湾区，如美国的纽约湾区、日本的东京湾区等为标准,借鉴和吸收它们的成功经验和城市群产业布局与功能结构,来确定粤港澳大湾区城市群的定位、方向、目标和城市群布局与结构,而且要以世界一流湾区为模板来研究制定在基础设施互联互通、大湾区产业体系、城市群功能结构和绿色生态优质生活圈等方面的专项规划,等等。

三、深化投资贸易交流合作

全面深化投资贸易领域的焦炉合作,需要探索解决促进投资贸易便利化的体制机制和方式方法,构建区域内和各国良好的商贸环境,充分释放沿线国家潜力,共建世界级经贸交流合作航母。

(一)发挥大湾区重要载体作用

利用广州、香港、深圳等特大城市载体商贸发达、资源富集等优势,把大湾区建设成为国际综合性贸易中心。高标准建设广东自由贸易试验区,构建与国际接轨的投资、贸易、管理高标准规则体系,营造市场化、国际化、法制化营商环境,率先实现粤港澳服务贸易自由化,成为"21 世纪海上丝绸之路"的重要枢纽和粤港澳全面合作示范区。建设一批经贸合作示范园区,发挥汕头华侨经济文化合作试验区、梅州海峡两岸交流基地、原中央苏区振兴发展示范区、广东(湛江)奋勇东盟产业园、广东(茂名)新加坡(裕廊)石化产业合作示范区等重要载体作用,鼓励海外华商参与"一带一路"建设。发挥大湾区的先行政策优势、载体优势和港澳服务贸易的优势,建设南沙粤港澳现代服务业合作区、横琴珠港澳产业合作区,加强科技创新、专业服务、金融及金融后台服务、航运物流服务等,有序扩大服务业对外开放,为深化投资贸易合作提供高端现代服务。

(二)扩大与东盟国家经贸合作领域

发挥大湾区世界级经济中心作用,进一步扩大和深化大湾区与东盟国家的经贸合作,更好地辐射带动泛珠三角区域及东南亚发展。依托广州、深圳、港澳的国际竞争优势，全面推进大湾区与泛珠三角区域的经贸合作，促进资源要素全面对接，形成有效分工合作网络，提升辐射带动效益。与东盟各国建立更紧密的经贸一体化运作机制，推动中国—东盟自贸区升级版相关政策先行先试，充分利用贸易协定中的优惠政策和中国—东盟博览会的平台，扩大双边多边进出口贸易规模，实现更加开放深入的贸易市场。以广州、深圳和港澳为轴心，建设以大宗商品交易平台为核心的国际采购中心，着力推动高新技术产品和机电产品出口。加快境外营销基地、境外营运总部、境外批发市场和零售网点等建设。不断拓展贸易领域，优化贸易结构，挖掘贸易新的增长点，促进贸易平衡。创新大湾区与东盟国家贸易方式，发展跨境电子商务等新的商业业态，推进广州、深圳、东莞等跨境电子商务基地规划建设，拓展向东盟国家的直销市场，降低跨境贸易成本。探索推进大湾区与南太平洋岛国和印度在经贸领域的合作，使大湾区成为我国与南太平洋岛国和印度经贸合作示范区。

(三)深化与“一带一路”沿线国家合作交流

立足大湾区区位优势，发挥粤港澳独特作用，引领“一带一路”沿线国家和地区经贸合作新水平。粤港澳联手，在广交会、高交会设立“21世纪海上丝绸之路”专馆，面向“一带一路”沿线国家打造综合性贸易促进平台。加强大湾区与“一带一路”沿线国家开展农林牧渔业、农机及农产品生产加工等领域深度合作，积极推进海水养殖、远洋渔业、水产品加工、海水淡化、海洋生物制药、海洋工程技术、环保产业和海上旅游等领域的合作。加大与沿线国家在煤炭、油气、金属矿产等方面的贸易合作，为沿线国家能源开发利用提供资金、技术、设备、管理和人才培训等支持。鼓励企业参与沿线国家电力市场建设，开展水电、核电、风电、太阳能等清洁、可再生能源合作。加强低碳技术合作创新，推动节能技术广泛应用。培育壮大供应链管理、市场采购贸易等新业态，支持外贸综合服务企业发展，为中小企业提供出口集成服务。建立健全大湾区服务贸易促进体系，巩固和扩大传统贸易，大力发展现代服务贸易。把对外投资和贸易有机结合起来，以投资带动贸易发展。

（四）加大投资合作力度

坚持错位发展、优势互补、互利共赢的原则，综合考虑大湾区与各个国家的发展需求，推动优势产业与各国各地区开展投资合作。建立创业投资合作机制，推动新兴产业合作，促进各国各地区在新一代信息技术、生物、新能源、新材料等新兴产业的深入合作。优化产业链分工布局，推动上下游产业链和关联产业协同发展，建立研发、生产和营销体系，提高区域产业配套能力和国际竞争力。探索投资合作新模式，鼓励合作建设更高水平的科技研发中心和各类产业园区、境外经贸合作区、跨境经济合作区，促进产业集群发展。鼓励企业到有条件的国家和地区资本市场上市。加强与东盟投资基金、中国—东盟海上合作基金等合作，推动亚洲基础设施投资银行等跨区域金融机构在大湾区落户。加快投资便利化进程，消除投资壁垒，加强双边投资保护协定，避免双重征税协定磋商，保护投资者的合法权益。建立有利于大湾区建设的投融资机制，通过基金、信托、金融租赁、国际投行等为合作项目提供资金支持。加强同国际金融机构合作，参与亚洲基础设施投资银行、金砖国家新开发银行建设，发挥丝路基金作用，吸引国际资金共建开放、多元、共赢的投资合作平台。

（五）推进统一市场建设

以深化市场配置要素改革、提高资源配置效率和公平性为导向，加快形成大湾区及辐射带动地区统一开放、竞争有序的现代市场体系。实施统一的市场准入制度和标准，推动各类生产要素跨区域有序自由流动和优化配置，规范发展综合性产权交易市场。率先试行市场准入负面清单制度，为全国实行统一的市场准入负面清单制度探索经验。全面深化商事制度改革，完善统一的企业信用信息公示系统，形成科学公正的商事运行新机制。健全企业市场化退出机制和注销流程，完善企业破产制度。全面推行外商投资普遍备案、有限核准的管理制度。建立统一的市场执法标准和监管机制，依法规范生产、经营、交易等市场行为，健全价格监管制度和反垄断执法体系，为企业跨区域发展营造公平的市场环境。加快建设区域社会信用合作体系，建立统一的企业信用分类标准，实现跨地区信用联合惩戒。

第五节　优化粤港澳产业布局

世界著名湾区的发展历程证明，建设世界一流的粤港澳大湾区，必须打造世界级的现代化高端产业群，形成内外有效衔接、结构科学合理的产业布局。粤港澳大湾区是全球重要的经济发达区域，初步形成了以战略性新兴产业为先导、先进制造业和现代服务业为主体的产业结构；是全球重要的金融中心之一，集聚了全球70多家世界排名前100位的金融机构；是全球重要的交通枢纽，港口年集装箱吞吐量、机场年旅客吞吐量均居世界前列。粤港澳大湾区不断优化的产业结构和发展前景，使大湾区在全球经济链中的地位与日俱增。广东省各城市有很多相似的行业，容易形成竞争，更容易促成合作，从另一个角度讲，这也为区域的融合发展奠定了很好的基础。

一、各地区优势产业

(一)广东省产(行)业结构

为了进一步深入地辨识城市的产业(行业)空间结构，对煤炭开采和洗选业、石油和天然气开采业、各类制造业等41个细分行业进行分析。香港、澳门的产(行)业结构以第三产业为主，相关的行业数据也不容易获得。因此，主要分析广东省的行业。其目的是为了清晰地认识在“一带一路”倡议下，广东省各城市哪些行业发展相似度较高，存在着区域竞争与合作，为指定发展战略提供科学决策。

(二)各地区优势产业

广州市优势产业为汽车制造业、计算机—通信和其他电子设备制造业、化学原料和化学制品制造业、电力—热力生产和供应业、电气机械和器材制造业。

深圳市优势产业为计算机—通信和其他电子设备制造业、电气机械和器材制造业、文教—工美—体育和娱乐用品制造业、电力—热力生产和制造业、橡胶和塑料制品业。

珠海市优势产业为计算机—通信和其他电子设备制造业、电气机械和器材制造业、电力—热力生产和供应业、化学原料和化学制品制造业、通用设备制造业。

东莞市优势产业为计算机—通信和其他电子设备制造业、电气机械和器材制造业、电力—热力生产和供应业、通用设备制造业、橡胶和塑料制品业。

汕头市优势产业为纺织服装—服饰业、文教—工美—体育和娱乐用品制造业、橡胶和塑料制品业、电力—热力生产和供应业、纺织业。

佛山市优势产业为电气机械和器材制造业、金属制品业、有色金属冶炼和压延加工业、非金属矿物制品业、计算机—通信和其他电子设备制造业。

韶关市优势产业为黑色金属冶炼和压延加工业、电力—热力生产和供应业、化学原料和化学制品制造业、有色金属冶炼和压延加工业、非金属矿物制品业。

梅州市优势产业为计算机—通信和其他电子设备制造业、电力—热力生产和供应业、烟草制品业、非金属矿业制品业、电气机械和器材制造业。

惠州市优势产业为计算机—通信和其他电子设备制造业、石油加工—炼焦和核燃料加工业、文教—工美—体育和娱乐用品制造业、电力—热力生产和供应业、电气机械和器材制造业。

汕尾市优势产业为计算机—通信和其他电子设备制造业、文教—工美—体育和娱乐用品制造业、纺织服装—服饰业、橡胶和塑料制品业、电力—热力生产和供应业。

中山市优势产业为计算机—通信和其他电子设备制造业、电气机械和器材制造业、电力—热力生产和供应业、通用设备制造业、橡胶和塑料制品业、纺织服装—服饰业。

江门市优势产业为化学原料和化学制品制造业、金属制品业、电气机械和器材制造业、船舶—航空航天和其他运输设备制造业、电力—热力生产和供应业。

阳江市优势产业为金属制品业、有色金属冶炼和压延加工业、农副食品加工业、计算机—通信和其他电子设备制造业、黑色金属冶炼和压延加工业、电力—热力生产和供应业。

湛江市优势产业为农副食品加工业、石油加工—炼焦和核燃料加工业、电气机械和器材制造业、电力—热力生产和供应业、石油—天然气开采业。

茂名市优势产业为石油加工—冶炼和核燃料加工业、农副产品加工业、化学原料和化学制品制造业、非金属矿物制品业、电力—热力生产和供应业。

肇庆市优势产业为有色金属冶炼和压延加工业、金属制品业、非金属矿物制品业、化学原料和化学制品制造业、计算机—通信和其他电子设备制造业。

清远市优势产业为非金属矿物制品业、有色金属冶炼和压延加工业、废弃资源综合利用业、电力—热力生产和供应业、皮革—毛皮和木—竹与羽毛及其制品和制造业。

潮州市优势产业为非金属矿物制品业、电力—热力生产和供应业、燃气生产和供应业、金属制品业、食品制造业。

揭阳市优势产业为纺织服装—服饰业、纺织业、金属制品业、黑色金属冶炼和压延加工业、橡胶和塑料制品业。

云浮市优势产业为非金属矿业制品业、金属制品业、化学原料和化学制品制造业、电力—热力生产和供应业、农副产品加工业。

二、优化粤港澳产业布局

粤港澳大湾区要按照国家“十三五”规划总体要求，坚持“五大发展理念”，建设具有全球重要影响力的先进制造业和现代服务业基地，引领中国经济向全球经济制高点攀升。同时，大湾区目前的产业分工协作体系尚未健全，城市间无序竞争制约了产业竞争力提升，区域创新网络尚未形成，空间利用粗放和规划未衔接的问题仍然突出，跨区域协调机制有待进一步完善。

（一）加强供给侧结构性改革

着眼在大湾区建立具有国际竞争力的产业新体系，着力优化产能结构，强化品牌和质量建设，加大去产能、去库存、去杠杆、降成本、补短板等力度，提升全要素生产力，推动大湾区产业迈向国际高端。按照高端化、智能化、绿色化、服务化的方向培育发展新产业，扩大高端技术和产品在总供给中的比重。优化投资结构，创新投融资模式，提高投资有效性和精准性。积极推动由技术创新、新需求拉动、产业链细化和融合形成的新业态。支持节能环保、新一代信息技术、高端装备制造业等产业成长，大力发展健康、教育、养老、旅游等服务业，培育新的产业增长点。实施大湾区品牌培育工程，提升企业商标品牌运营能力和维权能力，推动大湾区内特色产业和农业资源申请集体商标、证明商标等，打造大湾区国际著名品牌。在打造具有全球重要影响力的大湾区产业新体系上取得实质性突破。全面促进粤港澳大湾区产业转型和增长方式转变，推动“中国制造”升级为“中国智造”，从“世界工厂”转型为“创新型国家”，提升国家产业核心竞争力，引领全球产业调整升级。

（二）建设国际制造业高地

粤港澳大湾区具有一定规模的制造业发展基础。围绕广州、香港、澳门三座城市形成了较明显的制造业集聚圈层，可以此作为发展基础，发展先进制造业。然而，目前粤港澳大湾区承担了大量“分厂经济”为主导的生产制造、中转贸易、离岸外包等分支业务，并未形成真正具有全球影响力的以知识技术、资本市场、创新思想等为依托的核心首脑。按照“中国制造 2025”战略部署，围绕增强制造业核心竞争力，推进信息化与工业化深度融合，大力推动制造业转型升级和优化发展。实施智能制造工程，建设一批具有国际先进水平的智能制造协同创新平台，打造一批在全国乃至国际具有较大影响力的智能制造示范基地，培育一批具有系统集成能力、智能装备开发能力和关键部件研发生产能力的智能制造骨干企业。加快制造业结构调整，大力培育优势产业，围绕装备制造、汽车、石化、电子信息等重点领域和项目，打造龙头企业，推动产业做大做强。实施绿色制造工程，重点推进有色、化工、建材、轻工、印染等传统制造业实行绿色改造，建立以资源节约、环境友好为导向的采购、生产、营销、回收及物流体系，打造绿色供应链。优化制造业布局，推进大湾区制造业错位协调发展，加快建设珠江西岸先进装备制造产业带和配套产业区，重点打造智能制造、新能源汽车、高性能船舶与海洋工程装备、通用航空装备等先进装备制造产业集群和特钢产业集群。以广州、深圳为核心，开发电子信息技术、生物技术等重要领域，进一步拓展芯片设计、装备、模组制造及下游终端和应用开发产业链，在珠江东岸形成电子信息产业集群，引领周边城市电子信息产业发展。加快建设沿海重化产业带，发展石化中下游产业和高附加值精品钢材，建设惠州、茂名、揭阳、湛江四大石化基地和产能超千万吨级的湛江钢铁基地。建成世界一流的先进制造业湾区，占领国际制造业制高点。

（三）提升现代服务业水平

粤港澳大湾区已经具有了相当的现代服务业发展基础。香港作为拥有一流水平的国际现代服务业中心，第三产业产值占了 GDP 的 80％以上，加上较完善的法律体系和素质较高的服务业专业人才，可以担当服务业特区的龙头和辐射源角色;澳门作为一个较为独特的地区,可以作为服务业特区的重要一翼;以珠三角为核心的广东地区,则作为整个特区的支撑腹地,将发挥重要的资源整合及要素重组效应,从而产生出核子裂变式的巨大经济效能。研究发挥大湾区高端产业链协同创新优势,探索以大湾区高端产业形态促进腹地与沿线国家经济增长,研究用产业投资扶持培育大湾区的本土企业发展壮大,积极引进“一带一路”沿线国家的龙头企业,形成高端产业集群,将大湾区打造成“一带一路”建设的重要高端产业服务基地。瞄准国际先进水平,打造“大湾区服务”品牌。大力培育新业态和新商业模式,实现服务业优质高效发展。推动生产性服务业向专业化和价值链高端延伸,打造总部经济发展载体,加快推进广州国际金融城、前海深港现代服务业合作区、中德(佛山)工业服务区、珠海十字门中央商务区等开发建设。加快现代物流业发展,大力发展第三方、第四方物流和冷链物流、快递物流、供应链管理,加快建设现代物流公共信息平台和物流标准体系。鼓励企业加强电子商务应用,建设大湾区国家移动电子商务试点示范工程。充分发挥广交会、高交会和中国(湛江)海洋经济博览会、中国国际中小企业博览会等国际著名品牌效应,做大做优会展业。大力发展知识产权服务业,全面提升法律服务、会计审计等商务性专业服务水平。发展高技术、高附加值领域服务外包业务,建设大湾区服务外包示范园区。积极运用“互联网+”、新模式新技术、时尚文化元素等改造提升生活性服务业,增强生活性服务业的便捷性和智能化。加快发展商贸服务业,支持传统专业市场升级打造“专业市场+电商+物流”的商业模式。大力发展健康服务业,形成以医药产品、医疗及康复器械、健康管理服务领域为重点的健康服务产业集群。大力发展体育产业,打造具有国际竞争力的知名企业和自主品牌。加快发展文化产业,满足城乡居民文化消费需求。加快发展旅游业,大力推动生态休闲旅游、文化旅游、商务旅游、红色旅游、乡村旅游等旅游业态,建设大湾区国际休闲旅游目的地。

全面提升大湾区现代服务业发展水平。

(四)壮大战略性新兴产业

将战略性新兴产业摆在大湾区经济社会发展更加突出的位置，发挥产业政策导向作用，打造一批产业链条完善、辐射带动功能强、国际竞争力大的战略新兴产业集群。壮大新支柱产业，重点推动新一代信息技术、生物技术、高端装备制造、新材料等产业成为新支柱产业。培育建设一批新一代显示、新一代通信技术、高端医学诊疗设备、北斗卫星应用等领域重点项目，实施一批信息消费、海洋工程装备、高技术服务业等重点领域和关键环节的重大工程。加快建设广州、深圳国家生物产业基地，推动形成珠海、佛山、中山等生物产业优势集聚区。以广州新材料国家高技术产业基地为核心，在珠三角地区和粤东西北各地因地制宜布局建设一批特色新材料产业基地。扶持新优势产业，大力扶持新能源、节能环保、新能源汽车等成为新优势产业。加快太阳能光伏产业发展和产品推广应用，有序推进风电产业规模化发展。大力发展节能环保产业，积极推广工业节能技术与装备、高效节能电器等节能环保产品，加快推进省产业转移工业园分布式光伏发电推广应用，创建一批节能环保生产基地，推动珠三角地区形成以节能环保技术研发和总部基地为核心的产业集聚带，在粤东西北地区形成以资源综合利用为特色的产业集聚带。实施新能源汽车推广计划，推进新能源汽车开发和产业化，建设珠江口岸新能源汽车关键零部件产业带和环珠三角新能源汽车配套产业带。持续形成和发挥大湾区战略性新兴产业对中国经济乃至世界经济的先导作用。

(五)共同培育大湾区先进产业集群

按照协作分工、优势互补、布局合理、错位发展的原则，协调推进粤港澳大湾区产业发展和功能布局，共同培育具有全球竞争力的企业群体，加快形成以大企业为龙头、大中小微企业高效分工协作的新型产业组织体系。不断完善促进大型骨干企业壮大规模、增强实力的体制机制，支持和引导大型骨干企业实行强强联合，通过公开募股、上市、并购、重组等多种方式做大做强，在电子信息、先进装备制造、金融等领域形成一批处于国际产业分工关键环节、具有国际竞争力的骨干企业，打造一批进入世界500强的世界级企业，加快发展中小微企业，提升专业化分工协作水平，着力培育一大批具有“专精特尖”优势的高成长性中小企业。加强产业协作，整合延伸产业链条，推进产业链上下游之间的深度协作和优势互补，共同培育形成大湾区优势互补、分工合理、布局优化的先进产业集群。

第六节　大力发展海洋经济

从世界范围看，发展海洋经济是未来经济发展的趋势。从中国国情看，发展海洋经济，是建设海洋强国的必由之路。

目前粤港澳大湾区发展海洋经济的基础还比较薄弱，海洋科技创新能力还不够强，海洋环境保护压力与日俱增，亟须在发展改革中加以破解。

一、粤港澳海洋与渔业交流合作情况

自从《粤港合作框架协议》和《粤澳合作框架协议》颁布实施以来，大湾区立足粤港澳水域相通、管理相连的特点，定期研究并制订计划，认真贯彻落实相关重点工作。加强粤港澳沟通协调，持续开展了粤港澳海洋环保及生态修复、水产养殖技术培训、海上联合执法、渔业船舶检验等一系列卓有成效的交流合作，推动了区域海洋环境、渔业资源的恢复以及珍稀濒危物种的保护，渔业可持续发展能力得到了提升，渔民生活生产条件得到了改善，进一步促进了粤港澳海洋与渔业合作的发展。具体情况如下：

（一）每年轮流召开粤港海洋资源护理专题小组会议

为共同保护海洋环境资源，自从2000年成立以来，粤港海洋资源

护理专题小组由广东省海洋与渔业局和香港渔农自然护理署每年在粤港两地轮流召开专题会议，进行年度总结及部署下一步工作。2015 年 1 月 26—27 日，专题小组第十五次会议在广州召开。双方在专题会议上讨论的主要议题包括：推进海洋保育文化交流和珊瑚礁普查合作，推动香港水域及南中国海渔业资源评估的合作，开展中华白海豚等珍稀水生野生动物的保育工作合作，开展香港渔民培训及养殖技术交流，加强海上执法信息交流等。

（二）开展粤港澳海洋生态保护及生物多样性研究合作

近年来，广东与港澳在海洋生态保护技术交流方面交往频繁，与香港渔农自然护理署、澳门民政总署、澳门港务局、香港浸会大学、香港潜水总会等单位就中华白海豚保育和珊瑚礁普查等展开交流合作，共同召开粤港澳中华白海豚保育工作交流会、开展生物资源增殖放流活动以及珊瑚礁联合普查及研究合作等。

2013 年 6 月，粤港澳共同举办了第六届南海增殖放流活动，香港渔农自然护理署、澳门民政总署、澳门港务局代表出席活动，增强了粤港澳社会各界人士共建渔业生态文明的意识。

2015 年，联合粤港高校，共同建设中华白海豚保护高校联盟。广东珠江口中华白海豚国家级自然保护区管理局与中山大学、北京师范大学—香港浸会大学联合国际学院（UIC）、北京师范大学珠海分校、暨南大学珠海校区的 6 个公益组织合作开展中华白海豚保护高校联盟建设。白海豚保护区与中山大学和 UIC 签订合作协议，设立教学实习基地，并在四所高校内招募志愿者 281 名，举办 15 场宣传活动，参与活动的人员超过 3000 人次。

2015 年，广东徐闻珊瑚礁国家级自然保护区管理局在广东沿岸组织为期 7 个月的第九次广东珊瑚礁普查工作，来自粤港澳的 22 支队伍共 150 多名志愿者参与了珊瑚礁普查活动。

(三)开展粤港澳海洋生物及海洋环境保护科普宣教合作

近年来,粤港澳在海洋生物及海洋环境保护科普宣教方面开展了丰富多彩的交流活动,取得了良好的社会反响。粤港澳共同举办的"2010 年粤港澳中华白海豚绘画比赛""2012 粤港澳海洋生物绘画比赛""我的海洋梦——2014 粤港澳海洋生物绘画比赛"均取得了良好的成效。

2015 年 2 月,香港渔农自然护理署、香港海洋公园保育基金、澳门民政总署和澳门海事及水务局等单位联合主办的主题为"我的海洋梦——2014 粤港澳海洋生物绘画比赛"的颁奖典礼在广州市举行,广东省及港澳相关部门代表、赛事评委和获奖者共 130 人参加了颁奖典礼。粤港澳区域内共有逾万名选手递交参赛作品,作品数量及质量较往年大幅提升。该活动连续举办三届以来,很好地宣传了海洋环境和海洋生物保护的知识,宣传效果不断扩大,有效地提升了公众对海洋生物保护的关注。

(四)开展粤港海洋环境监测与灾害预防交流合作

近年来,广东积极开展与香港在海洋环境监测及预报减灾领域的交流合作。围绕建立海洋环境监测及海洋预报减灾网络的需求,多次与香港渔农署、香港海事处、香港天文台、中文大学就海洋环境卫星遥感的研究、海洋预报减灾资料共享等方面进行沟通交流。

(五)开展粤港水产健康养殖培训合作

2008 年以来,广东与香港渔农自然护理署合作,每年为香港渔民举办培训班,增加渔民的水产养殖知识及提高其技术水平,推动他们从传统捕捞业转向养殖业。至今已成功开展培训班 9 期(其中 2 次在香港举办),培训人数累计达 400 多人次。

2015 年的渔民培训由香港渔农署与广东海洋大学合办,共有 90 名香港渔民参加。培训内容包括南海渔业资源开发现状、渔产品储藏、加工与运输、现代捕捞技术、远洋捕捞渔船发展现状及海洋灾害对渔船航行安全的影响等。培训班的举办,为香港转产转业渔民的再就业奠定了扎实的专业基础。同时,为粤港共同提高现代渔业管理水平和生产能力,增加渔民收入,逐步实现渔业可持续发展做出了贡献。

(六)深化粤港澳渔船委托检验合作

自2007年至今,广东省一直负责港澳渔船的委托检验工作,为港澳流动渔民提供便捷的渔船检验服务。据统计,截至2015年年底,广东省已开展港澳流动渔船的检验2607艘次。开展检验的地点遍布广州、深圳、珠海、中山、东莞、江门、惠州、汕尾、阳江、佛山等地,检验结果得到了香港海事处和澳门海事及水务局的认可及港澳渔民的充分肯定。

2015年12月,为了促进内地与香港、澳门的渔船检验管理工作,做好港澳流动渔船身处内地捕捞作业期间的安全监督和管理工作,确保港澳渔船安全航行与生产作业,国家渔业船舶检验局、香港海事处、澳门海事及水务局,连同广东渔业船舶局共同在香港举行内地与香港、澳门第三次渔船检验管理合作会议。

(七)开展粤港海洋与渔业联合执法行动

为加强粤港海洋与渔业职能部门的执法交流,2002年以来,广东省每年联合香港水警和香港渔农署在香港北面水域开展粤港海上联合执法行动。粤港双方海上执法部门密切合作、联合行动,有力打击了粤港交界水域的非法捕捞和渔船走私行为,维护了粤港交界水域的生态资源环境及正常生产秩序,取得了良好的成效。

2015年9月22日至23日举行了"护渔2015-3"粤港联合执法行动。广东省渔政总队出动执法船艇30艘次,执法人员175人次,检查渔船188艘,查获违规渔船47艘,取得了较好的效果。香港渔护署出动船艇8艘,执法人员40名,香港水警出动船艇15艘,执法人员272人,检查渔船60艘,查获违规渔船5艘。粤港双方海上联合执法行动达到了预期的目的,取得了圆满成功。

2015年9月24日,广东省渔政总队与香港警务处水警总区、香港渔农自然护理署在深圳召开了2015年粤港执法工作座谈会，就进一步加强执法合作进行了深入交流。

二、大力发展海洋经济

（一）优化粤港澳大湾区海洋产业布局

从大湾区区位、资源、历史、文化、科学技术、人才优势等出发，优化空间布局，推进海洋经济协调发展。根据海洋功能区划、自然资源条件和海洋资源环境承载能力，统筹规划大湾区海洋产业布局及未来发展。加快建设珠三角海洋经济优化发展区和粤东、粤西海洋经济重点发展区，加速构建粤港澳、粤闽、粤桂琼三大海洋经济合作圈，重点规划环珠江口湾区、环大亚湾湾区、大广海湾区、大汕头湾区、大红海湾区、大海陵湾区和雷州半岛，形成"六湾区一半岛"的大湾区海洋开发空间布局。统筹建设海岸带（含海岛地区）、近海海域、深海海域三大海洋保护开发区，重点建设一批集中集约用海区、海洋产业集聚区和滨海经济新区，推动海陆空间统筹利用工程，构建大湾区海洋经济发展新格局。

（二）加快粤港澳海洋产业合作

广东可以与香港进行海洋研究与开发合作，利用广东丰富的海洋资源，重点发展水产品精深加工业、海洋化工业、海洋生物医药业、海洋新能源利用、船舶及工程装备制造业。加快海洋化工资源的综合开发利用，逐步形成较大规模的海洋化工资源开发产业。建立海洋药物科研开发生产基地，努力开发一批技术含量高、市场容量大、经济效益好的海洋中成药、海洋生物制品和海洋保健品。加强粤港澳海洋科研的合作。香港具有较高水平的海洋研究机构和院校，香港的海洋研究吸收了海外发达国家的先进经验，并且与海外有着密切的联系。鼓励发展和引进香港海洋高新技术。引进国内外先进的海洋高新技术和设备，广泛开展区域间和国际海洋科学技术合作和联合攻关，提高海洋开发的科技水平和整体效益，促进海洋开发产业化和海洋产业升级。利用国际机构在香港设立地区总部办事处和驻港办事处的信息平台作用，发展海洋产业。研究加强粤港澳海域旅游的合作，依托粤港澳沿海城市，合理利用、开发和保护滨海旅游资源。在突出海洋特色旅游、生态旅游，提高文化品位，加强与其他产业结合的基础上，形成若干个在国际国内有知名度的滨海旅游胜地，争创世界旅游品牌项目。

（三）优化提升传统优势海洋产业

大湾区传统海洋优势产业具有区位、自然资源禀赋、规模经济等优势，市场认可度高，是大湾区发展海洋经济的基石。但是传统海洋优势产业也面临着粗放发展、技术转换不畅、产业结构不合理、生态环境破坏等问题。把大湾区建成全球海洋强区，必须改革升级传统海洋产业。大力发展远洋渔业，加强远洋渔业装备和技术研发，在汕头、湛江建成一批具有国际竞争力的远洋渔业企业和船队，推进远洋渔业基地建设，延长海洋渔业产业链，打造大湾区渔港经济圈。科学规划近海养殖容量，优化养殖品种结构和区域布局。因地制宜发展海洋滩涂农牧林业等新业态。积极发展水产品精深加工业，在茂名、汕头等地建成一批水产品精深加工园区，打造市场占有率较高的国际知名品牌。做强海上航运物流，以广州、深圳等主要港口为依托，建设世界经脉港口群，打通港口与腹地运输通道，密切粤港澳合作，建设国际航运中心。优化升级海洋船舶工业，建立现代造船模式，推进产品结构调整，以中船集团等大型国有船舶企业为依托，加快建设广州、中山、珠海三大船舶制造业基地，推进大型散货船、油船、集装箱船等的优化升级，建设中船大岗船用柴油机制造与船舶配套产业基地，打造珠海游艇产业研发和制造基地。引导中小企业积极参与大船厂的分段制造生产体系，提高配套服务能力，形成适应现代造船模式的船舶工业产业集群。加快海洋油气业发展，推进近海油气资源开发，提高珠江口等海域现有油气田采收率，加大油气资源综合利用度，建设辐射珠三角区域的南海天然气田。全面优化提升传统优势海洋产业水平。

(四)大力发展海洋工程装备产业

当前世界海洋工程装备技术呈现向深水、大型化和自动化方向发展的趋势,国内外与之配套的海洋工程装备需求已经呈现出快速增长态势。海洋工程装备产业已成为大湾区建设的重要组成部分,发展潜力巨大。针对国际海洋工程装备产业发展现状和趋势,在大湾区建设海洋工程与装备研究院,全面提升大湾区海洋工程装备前端工程设计和基本设计能力。以广州、中山和珠海为重点,打造珠江口西岸世界级海洋工程装备制造产业带,研究开发海底能源开采技术装备及无人潜航器、深水机器人等先进装备。推进广州龙穴、珠海中船等船舶与海洋工程装备制造基地建设,在广州、深圳建设海洋油气资源勘探开发的加工储备基地,在深圳、江门建设深海海洋装备试验和装配基地,加快大型深水海洋工程装备建设,提升产业规模和技术水平。鼓励引导骨干企业和研发机构等建立海洋工程装备产业联盟,形成利益共同体,在科研开发、市场开拓、业务分包等方面深入合作,实现重大技术突破和科技成果产业化。广泛开展对外合作,鼓励境外企业和研发机构在大湾区独立或合资建立装备研发创新机构。加快培养海洋工程装备领域的国内国际一流专家,壮大海洋工程装备高端人才队伍,把大湾区打造成具有国际竞争力的综合性海洋装备制造业基地。

(五)加快发展海洋化工业

把海洋化工业作为建设大湾区的支柱产业,予以重点发展、优先发展。以国家海洋经济发展总体战略为指导,发挥大湾区区位好、基础强、条件优越、前景广阔的比较优势,编制大湾区海洋化工业发展规划,加快大湾区海洋化工产业集聚发展。加快建设中海油惠州炼化二期、中科合资广东炼化一体化等项目,推进珠海高栏港、茂名滨海新区等高端临海产业集聚区建设,打造上下游产品配套发展、精深开发和系列化生产接续成线、关联产品复合成龙、资源循环利用、具有鲜明特色的海洋化工生态产业集群,实现资源高效利用、能量梯级利用、废物资源化利用。引进国内外先进海洋化工技术、设备和人才，加强海洋化工系列产品的开发和精深加工技术的研究，推进产品的综合利用和技术革新，拓宽应用领域。以科技创新为先导，有序开发、科学利用卤、海水资源，加快苦卤化工技术改造，发展提取钾、镁及其深加工的高附加值海水化学资源利用技术，提高海水化学资源的开发和利用水平。加强盐场保护区建设，积极培育海盐及盐化工业，坚持以盐为主、盐化结合、多种经营，提高工艺技术和装备水平，大力开发高附加值产品。深入开展海洋化学资源的综合利用和技术革新，重点发展化肥、精细化工、海藻化工等，不断开发新产品，扩大原料品种和产品品种，提高质量，形成规模大、影响大、国内国际市场占有量大的海水化学资源开发产业群。按照优势互补、合理分工的原则，围绕大力培育产业集群、产业基地，鼓励企业联合重组，推动区域产业结构调整和高度化互动，引导生产要素向优势企业聚集，推动海洋化工企业向大型化、上下游一体化、集团化、国际化方向发展，把大湾区打造成具有世界先进水平的海洋化工产业区。

(六)着力发展海洋生物制品与医药产业

建设广州、深圳国家生物产业基地，大力发展生物医药、蓝色生物医药、生命健康科技等生物产业。建设中山国家健康科技产业基地、华南现代中医药城以及珠海生物医药科技产业园，重点开发心血管、糖尿病、痛风药品和多糖类、多肽类、壳聚糖、海藻纤维医用敷料等产品。依托广州萝岗、深圳坪山等地的生物医药加速器项目，搭建海洋生物医药技术支撑平台，积极探索海洋生物资源新物质和海洋生物制品新功能，推进海洋生物新技术、新产品产业化。建立海洋生物和药物资源样品库，推进海洋生物产业公共服务及创新平台建设。加强用于生产海洋药物与生物制品的动植物养殖栽育，积极推进海洋生物酶制剂、海洋生物功能材料和海洋绿色农用生物制剂等的研发与产业化。建立健全海洋生物制品研发、生产、检测的标准体系，提升海洋药物和生物制品生产装备的研发制造能力。积极发展海洋生物活性物质筛选技术，推进海洋微生物资源的研究开发。重点研究开发一批具有自主知识产权的海洋药物，大力开发一批技术含量高、市场占有量大、经济效益好的海洋中成药和海洋保健品。把大湾区打造成国际一流的海洋生物研发和科技产业中心。

（七）积极发展海水综合利用产业

把发展大湾区海水综合利用作为战略性接续产业加以培植。积极发展海水直接利用和海水淡化技术，提高海水淡化技术自主化水平，降低成本，扩大海水利用产业规模，促进海水成为工业和生活设施用水的重要水源。加快建设南澳岛、万山群岛等海岛海水淡化工厂，在深圳、江、汕头等滨海城市建设海水淡化示范工程，建设一批大规模海水利用示范城市。推进电力、化工、石化等重点行业海水综合利用，大力推广海水直接作为工业用水和海水循环冷却。借助海洋生物种苗培育技术与海水淡化技术，培育开发可用海水灌溉的农作物，探索发展具有前沿性的“海水农业”。大力发展海洋可再生能源业，加快发展海上风电，优化大湾区开发布局，扶持与农渔业兼容发展的潮间带风电建设，积极发展离岸风电项目，提高产业集中度，有序推进大湾区海上风电基地建设。把大湾区打造成国家海洋综合利用示范基地。加快发展海洋能，利用大湾区丰富的海洋能资源，科学规划海洋能利用空间，重点建设一批国际领先水平的潮汐能电站、潮流能电站，建设海岛地区多能互补独立电力系统等示范工程，积极推进产业化进程。

（八）加强海洋生态环境与资源保护

科学划定大湾区海洋生态红线，合理开发保护海洋资源，防止海洋污染和生态破坏，促进大湾区海洋经济可持续发展。构建粤港澳大湾区西太平洋—印度洋蓝色生态屏障。针对大湾区沿海城市各自实际和特点，建立和完善一批海洋自然保护区，实施海洋生态保护及开发利用示范工程。严格实行休渔制度，建设珍稀濒危物种保护区。严格实行陆源污染物排海总量控制，严禁沿海城市、江河沿岸城市生活污水和垃圾直接排入海域。开展大湾区蓝色海湾综合整治工程，强化海洋污染防治和海洋生态保护，严格实行海水养殖环境准入制度，加强船舶、港口、航运、海洋工程等海上污染源管理。严格控制滩围垦和围填海，确保粤港澳大湾区大陆自然岸线保有率不低于35%。完善大湾区海洋生态环境监测系统与评价体系，提高防灾减灾和突发事故应对能力，加强大湾区与海洋环境保护的国际合作，参与维护国家海洋权益行动。

第七节　大力推进农业现代化

农业是全面建成小康社会、实现现代化的基础，也是建设粤港澳大湾区的基石。由于大湾区人多地少，自然资源相对短缺，随着日益增长的人口和需求，许多问题需要解决，农作物播种面积有待扩大，粮食面积尚需稳定，主要农产品缺口量较大，农产品质量安全任重道远，农产品流通体系建设有待完善。

一、基本思路

强化三农基础地位，建设幸福美丽新农村，是大湾区建设的重要内容。大湾区的农业发展，应立足于基本农情，实施旨在推进农业现代化建设的一系列举措，按照稳粮增收、提质增效、创新驱动、保障安全的总体要求，全面深化农村改革，加快转变农业发展方式，构建现代农业产业体系、生产体系、经营体系，提高农业效益和竞争力，促进农民收入持续较快增长，建设幸福美丽新农村。

二、大力推进农业现代化

（一）确保粮食生产安全

在大湾区实行严格的农田保护制度，坚守耕地红线，稳定粮食面积，增加粮食产量，确保大湾区粮食总产能持续稳定，并能逐年增加。科学划定大湾区永久基本农田，完善基本农田保护经济补偿制度，实施土地整治工程，大力推进农田水利建设、土地整治和中低产田改造，完成国家下达的高标准农田建设任务。深入实施大湾区大中小型灌区改造、机电排灌、田间水利、规模化高效节水灌溉等骨干工程。建立健全农田水利工程长效管护机制，加强农业生态治理，推广化肥、农药使用零增长的生产技术。推进农业标准化和信息化建设。全面提高粮食生产保障能力。增加粮食生产投入，改善粮食生产条件，扶持和发展粮食生产，保护和提高粮食综合生产能力。依靠科技进步，优化粮食结构，在大湾区建设一批优质商品粮基地和粮食优质产区，推进粮食产业化。加强粮食储备体系建设，落实粮食储备，建立粮食安全预警机制协调机制，保障粮食安全。

（二）积极发展农村经济

拓展大湾区农业综合开发空间，优化大湾区农村经济发展布局，实施五大精致农林牧渔业重点领域工程，发展岭南特色果蔬茶产业、特色畜牧产业、岭南园艺花卉产业、特色传统林产品、无公害水产品，建造粤西北运蔬菜优势产区、茂名特色水果产区等一批大湾区特色现代农业示范区，创建农产品特色品牌，打造粤港澳大湾区农产食品交易中心，推动消费结构升级，提升食品安全供给保障水平。大力发展特色林业经济、畜牧业和畜禽规模化健康养殖、水产健康养殖和远洋渔业。发展科技农业和生物农业，加强农业科技攻关，构建一批农业科技创新平台和示范基地。大力发展现代种业，打造现代种业良种育繁推一体化及产业化体系。加快发展农业机械化和设施农业，推进水稻生产全程机械化，促进岭南特色经济作物生产机械化，研发推广适应大湾区丘陵山地分散小规模生产的特色农机设施装备，大幅度提高大湾区农机总动力和耕种收综合机械化水平。重点建设大湾区现代农业产业体系建设工程、种业科技创新平台建设工程、平原农田林网建设工程、木材战备储备林建设工程、林下经济建设工程、油茶产业基地建设工程、远洋渔业发展工程、海洋渔船更新改造工程、高标准现代化渔港建设工程、平安海洋气象保障工程等十大农林渔业基础设施建设工程，为发展农村经济夯实基础。大力发展“互联网＋农企基地＋产业电商＋服务综合体＋供应链金融”食品流通新模式，完善农村电商 O2O 展销模式，促进订单农业与各地供销社、农业生产组织和大型农业龙头企业建立深度合作关系，培育一批综合竞争力强的农产品龙头企业群。大力发展冷链仓储、物流配送、物联网、食品安全溯源检测、第三方电子支付、大宗商品交易、跨境贸易及产业综合服务体供应链全链条，打造以云图电商为龙头的广东农产食品安全保障示范基地和农村产品电商产业园。构建新型多样化农村经济经营体系，培育发展家庭农场、专业大户、农民合作社、产业化龙头企业等新型经营主体。稳定农村土地承包关系，完善土地所有权、承包权、经营权分置办法，依法推进土地经营权有序流转，发展多种形式适度规模经营。

（三）促进农民持续增收

落实国家和各级支农惠农政策，加强财政、金融、科技支农力度，带动金融和社会资本更多地投入农业农村发展新领域。着力发展新型农村金融组织和小额贷款公司，解决农村融资难问题。健全政策性农业保险体系，增加农业保险品种，扩大农业保险覆盖面。完善耕地保护补偿、生态补偿和农业补贴政策，保障农民公平分享土地增值效益。大力培育一批涉农经营性服务组织，健全大湾区现代农业科技创新推广体系，发挥农村专业技术协会在农技推广中的重要作用，鼓励社会力量参与公益性服务，完善农村股份合作制，提高农民财产性收入。加强农业多种功能开发，提高农业综合效益，推动农村一、二、三产业融合发展，带动农民就业致富。积极引导农民成立以土地、资金或产品为纽带的农民专业合作组织，拓宽农民增收渠道。建设一批具有历史、文化、地域或民族特点的特色景观旅游村镇，大力发展休闲观光农业、农家乐、乡村旅游等新业态。加强农产品流通设施和市场建设，构建安全有效、便捷畅通的农产品流通渠道。加大农村扶贫开发力度，深入实施精准扶贫、脱贫，健全精准扶贫、脱贫工作机制，完善对口帮扶责任制措施，通过发展生产、易地搬迁、生态补偿、发展教育和社会保障等途径方法分类扶持贫困家庭和人口，引导和鼓励企业、社会组织和个人积极自愿参与扶贫工作。

(四)建设宜居宜业美丽乡村

科学规划农村布局，探索编制村级土地利用规划，发展中心村，保护特色村，整治空心村，保护乡村文化、历史文化名村、传统村落、少数民族特色村寨和民居，大力推进大湾区新农村连片示范建设工程，科学引导农村住宅和居民点建设，打造一批大湾区名镇名村和幸福村居。进一步完善农村基础设施和公共服务设施，实施自然村硬化路建设、农村公路安保、农村饮水巩固提升、农村电网升级改造、沼气建设管理、邮政设施和宽带网络建设等新农村建设工程，实现村村有路、路路畅通、自来水普及率和安全性向城市看齐、电网配套、能源清洁、网络流通。加强大湾区农村信息合作社建设。推进农村义务教育学校标准化建设，提高农村义务教育质量和均衡发展水平。深入开展新型职业化农民教育和培训，提高农民职业技能和自主创业能力。加强农村医疗卫生建设、文化建设和体育建设，提高农民综合素质。大力实施乡村美化绿化工程，改造农村危房，开展环境连片整治，不断提高卫生镇、卫生村普及率。全面提升大湾区农民幸福指数。

(五)推进农村综合改革

以推进大湾区云浮、清远、南海等农村改革试验区为突破口，推动农村综合改革取得突破性进展。深化农村土地制度改革，进一步落实土地承包经营权、农村集体建设用地使用权、宅基地使用权、集体林权等确权登记颁证。探索完善农村股份合作制体制机制和运行形式，健全资产收益分配制度，有序推动集体经济股份内部流转。加强对农村集体“三资”监管，建立健全覆盖县镇村三级农村产权流转管理服务平台体系。推进农垦改革，深化供销合作社综合改革。深化农村金融改革，加快推进农村信用合作社改制，实施普惠金融村村通工程，完善农业保险制度，加快农村信用体系建设。完善农村基层自治的民主协商、参与和决策机制，强化村民监督委员会的监督作用，引导村民理事会等群众组织规范运作。打造一批乡务镇务村务公开民主管理示范乡村，推动镇—村型农村社会管理向街道—居型城镇管理转变。

第八节　协同推进生态文明建设

一、推进生态文明建设的必要性

生态文明建设是粤港澳大湾区建设的重要内容，关系人民福祉，关系国家未来。推进大湾区生态文明建设不仅有助于促进空间集约、协调发展，提升区域协调性和可持续发展能力，还有助于通过污染治理、资源能源节约与生态保护，构筑安全的自然生态格局，以形成绿色的生产生活方式，建立宜居空间。

二、基本思路

坚持走生态文明发展道路，把绿色发展理念融入建设粤港澳大湾区的各个领域、各个环节、各个方面，以建设绿色湾区、生态湾区为引领，建立健全粤港澳大湾区生态文明建设长效机制，强化主体功能区分区管控，构建生态系统网络体系，提高全民低碳环保行为意识，强化资源节约、集约、循环利用，加强生态环境保护和治理，积极主动应对气候变化，推动形成绿色大湾区生产方式和生活方式，建设天蓝、地绿、海清、水洁的美好湾区。目前，资源浪费和生态环境破坏还没有得到有效遏制，空气、酸雨污染问题仍然突出，水资源浪费大、污染严重，局部地区水土流失严重、生物多样性受到威胁。

三、具体路径

(一)加强主体功能区建设和分区管控

发挥主体功能区生态文明建设基础制度的统筹作用，应落实主体功能区规划，完善政策，推动大湾区各地区按照主体功能定位发展。粤港澳大都市核心区为粤港澳大都市连绵区域，含中心城区以及跨界增长区域，是最具备发展条件的区域，也是核心和重构“粤港澳三角”的支点。通过优化开发、功能提升和制度创新，加快发展现代服务业和先进制造业，培育区域金融、贸易、航运服务中心功能，率先建设成为粤港澳大都市区经济实力最发达、综合竞争力最强、聚集和辐射功能最强的绿色生态发展核心区，从而带动区域整体优势的发挥和国际竞争力的提升。核心区主要生态环境问题为城市无限制扩张，污染严重，人居环境质量下降。核心区生态保护环境主要方向是严格控制河口围垦和山体开发，保护河口和海岸湿地；加强城市发展规划，合理布局城市功能组团；加强生态城市建设，大力调整产业结构，提高资源利用效率，加强大气污染防治、水生态综合治理和生态修复，推进循环经济和循环社会的建设。强化主体功能区分区管控，实行差别化的财政、投资、产业、土地、农业、环境、气候应对等政策措施，推动大湾区产业结构向高端高效发展，推动重点开发区域提高产业和人口集聚度，严格实行重点生态功能区产业准入负面清单制度，建立有针对性的考核评价方法，加大对农产品主产区和重点生态功能区的转移支付力度，完善对重点生态功能区和禁止开发区域的补偿机制，强化激励性补偿。建设一批国家主体功能区试点示范县（市）。围绕优化生态环境、提高生态产品供给能力、构建生态廊道和生物多样性保护网络、提升自然生态系统稳定性和生态服务功能，加快建设粤北南岭山区、粤东凤凰莲花山区、粤西云雾山区等北部环形生态屏障，确保大湾区生态安全和质量，建设珠三角东北部、北部、西北部连绵山地森林在内的珠三角外围生态屏障，维护森林生态系统的完整性和连贯性；加快建设东南沿海蓝色海岸带，打造应对气候变化、营造优美海洋景观的重要生态区域；建设生态廊道网络体系，保护东江、西江、北江、鉴江、韩江及珠三角网河、粤西、粤东沿海诸河等主要水系，营建区域城乡绿道网、森林公园、湿地公园和自然保护区;加快建设生态绿核,强化城市内部绿地空间,以生态绿核促进城市空间结构优化;划定农业空间和生态空间保护红线,整体打造科学合理的大湾区城市化格局、农业发展格局、生态安全格局和自然岸线格局。

(二)强化生态保护与修复

大力实施大湾区山水林田湖生态保护和修复工程,维护自然生态的完整性、连贯性和多样性。从粤港澳大湾区自然环境和经济发展整体布局出发,以全国主体功能区规划、粤港澳生态功能区规划、粤港澳建设"十三五"规划为重要依据,进行区域生态建设,引导产业结构调整,优化经济发展方式,从根本上预防和控制各种不合理的开发建设活动导致生态功能的退化,构建两带(绿色山地生态保育带、蓝色海洋保护与开发带)屏护、林海相通、斑块镶嵌、廊道串联的区域生态安全格局。加强森林生态系统的培育和保护,深入实施绿色大湾区建设工程,推进森林碳汇工程、生态景观林带工程、森林进城围城工程、乡村绿化美化工程,建设珠三角国家森林城市群,重点建设北部连绵山体森林生态屏障体系,保护珠江水系等主要水源地森林和沿海防护林。加强造林抚育,大兴植树造林、封山育林和中幼龄林抚育改造,修复区域地带性森林植被,重建雷州半岛热带森林体系。探索建立具有大湾区特色的国家公园。加强湿地与河湖生态系统的保护和修复。建立大湾区统一的水域生态保护和管理体制,严防侵扰天然河流和湿地,实行退耕还湿、退养还滩。加强湿地自然保护区、湿地公园建设,实现湿地可持续利用。加强江河湖海管理,强化生态修复,促进饮用水源质量持续改善。实施生物多样性保护和濒危野生动植物抢救性保护重大工程,建设大湾区救护繁育中心和基因库。优化完善自然区结构空间布局和建设管理职能。加强生物物种和遗传资源保护,加快建设南岭山地森林及生物多样性生态功能区,对重要生态系统和物种资源实行强制性保护。建立大湾区生物多样性监测评估与预警体系,强化野生动植物进出口管理,有效防范物种资源流失,严防外来有害物种侵入。

(三)加强环境保护与环境治理

严格实行大湾区环境保护制度与措施，深入实施大湾区水、大气、土壤污染防治行动计划。大力实施珠江流域水污染防治工程、综合治水工程、水源保护工程、全民爱水工程等，开展水污染防治和南粤水更清行动计划，加强流域水生态环境功能分区管控，强化饮用水源保护和污染控制，依法整治威胁饮用水源和供水河道水质安全的污染源。实行跨界河流污染联防联治，重点推进练江、广佛跨界河流、茅洲河、石马河、小东江等跨界重污染河流和城市黑臭水体综合整治，大幅度提升大湾区优良水质断面比例。充分衔接全国生态功能区划、主体功能区划以及水(环境)功能区划等相关成果，建立珠江流域—控制区—控制单元三级水生态环境功能分区体系。将“水十条”中各项水质目标分解到各控制单元，将控制单元作为落实环境管理政策措施的主要层级。强化跨界断面和重点断面水质监测考核，建立跨地水资源生态补偿机制，建立以地方投入为主，省及中央财政适当奖励的资金投入机制，支持开展珠江流域补偿试点。流域生态补偿应以水质和水量控制为核心，明确水权初始分配和交易机制，协商建立粤港澳“珠江流域环境责任协议”，明确流域不同河段水质和水量要求，通过财政转移支付、项目发展扶持、流域综合治理和环境服务付费等进行生态补偿。全面实施大湾区大气污染防治行动计划，重点推进珠三角地区大气污染防治、工业源污染治理、电力行业污染减排等，推动大湾区的产业园区、产业集聚区全部实现集中供热。大力削减挥发性有机物，重点开展石化行业、工业喷涂等领域的综合整治，加强机动车污染防治，强化公路、城市道路、建筑工地、堆场码头等扬尘治理。大力实施大湾区土壤污染防治行动计划，制定大湾区防治土壤污染条例，加强土壤污染源头防治，开展土地环境基础调查、历史遗留工矿污染整治、土壤污染治理与修复试点示范、重金属污染综合整治等工程，加强土壤修复与综合治理，建设韶关土壤污染综合防治示范区，加强珠三角典型区域土壤污染综合治理。

建立覆盖城乡的环保基础设施体系，实施粤东西北垃圾污水处理设施、城镇污水集中处理设施及配套管网、污泥处理等工程，加强危险废物、医疗废物、电子废物等固体废物安全处理，对供水、供电、道路、通信等公共基础设施实施绿色化改造。建设变废为宝、山清水秀大湾区。

(四)大力建设生态宜居城市

依据资源环境承载力、应对气候变化能力和自然山水地貌调节城市规模，优化城市形态和功能，大力推进生态宜居城市建设，加快建设深圳龙岗国际低碳城和珠海横琴中欧低碳生态城，推进韶关、梅州、东莞、深圳东部湾区国家生态文明先行示范区（市）建设和河源、信宜、揭西等国家级生态保护与建设示范区建设，结合碳普惠制试点建设一批国家级低碳示范社区，提升城市环境质量，优化城市生态宜居度。大力倡导绿色生活方式，开展全民节能减碳行动，加强资源环境国情和生态价值观教育，推动全社会形成绿色消费自觉，实现居民消费结构的低碳、节能、可再回收化。积极推动低碳出行、绿色居住，加强轨道交通建设，加快发展共乘交通，鼓励自行车等绿色出行。深入挖掘大湾区文化的生态文化内涵，培育具有时代气息、大湾区特色的生态文明理念，营造崇尚生态文明、践行低碳理念、生活方式绿色、生态环境宜居的社会人文新风尚。加强对接粤港澳环境保护、资源管理等领域的政策法规，确立粤港澳一体化循环发展评价和管理制度体系，依照国际标准，建立统一的循环经济统计指标体系、评价制度，并纳入地方经济社会发展考核体系。重点实施三项循环发展评价、考核制度完善工程：一是逐步落实强制性能效标识制度。开展能效标识和节能指标的跨区域联合监督检查机制，逐步推进统一的建筑实行能效标识、清洁生产标识。二是落实投资项目资源利用效率审查制度。建立粤港澳共同认可的投资项目资源利用率评价标准，建立跨区域联合审查制度，对未通过节能评估和资源利用率审查的投资项目，一律不得开工建设。三是建立科学的循环经济评价指标体系、统计和核算制度。把发展循环经济纳入经济社会发展的评价考核体系。根据国家公布的循环经济评价指标体系，制订和完善粤港澳大湾区统一的循环经济评价指标体系。强化发展循环经济的基础统计和核算工作，建立基础数据库。完善绿色增长相关统计核算制度和评价指标体系。建立和完善循环经济发展指标统计制度，建立各类资源利用的基础数据库，及时编写和公布大湾区资源利用与循环经济发展状况。

（五）全面促进资源节约高效利用

把节约高效优先、集约循环利用的资源观贯穿大湾区建设始终，强化约束性指标管理，促进各类资源节约循环高效利用，实施能源和水资源消耗、建设用地总量和强度双控行动。实行最严格的水资源管理制度，开发利用再生水、海水等，推进水资源循环利用。加强节水技术、工艺、设备和器具的推广应用，推动节水型社会建设，加快建设海绵城市。全力建设大湾区节约集约用地示范区，严格控制土地开发强度与规模，严格土地用途管制，建立低效土地市场化退出机制。严格控制农村集体建设用地规模，积极开展耕地轮作休耕。加强矿山资源节约与综合利用，建设绿色矿山。加快推进节能降耗，严格实施固定资产投资项目评估和审查制度，全面推进大湾区工业、建筑、交通、公共机构、农业农村等重点领域节能降耗，加快淘汰落后产能，积极化解产能过剩，完善企业退出机制。深入实施重点节能工程，推动能源管理体系建设，加快节能环保技术应用和推广。制定大湾区循环经济发展引领计划，大力构建大湾区循环型产业体系。促进企业循环式生产、资源循环式利用、产业循环式组合，推进园区循环式改造，建设一批循环经济工业园区。加快“三废”资源化利用。提高全社会资源产出率和循环利用率。完善再生资源回收体系，支持再制造产业化发展。推动企业实行清洁化生产，推进传统制造业绿色改造，建立大湾区绿色循环发展产业体系。把大湾区打造成为具有国际先进水平的循环发展示范湾区。

第九节　深化社会事业领域合作研究

一、深化社会事业领域合作的必要性

社会事业发展水平与质量，直接关系粤港澳大湾区经济社会发展的健康与稳定。长期以来，粤港澳社会事业领域合作一直存在文化服务业比重不高、教育机会不公正、医疗费用过高、城乡社会保障发展不平衡、人力资源配置和人才流动还存在体制机制障碍、旅游资源科学融合不够等问题，制约了大湾区的整体发展，为此，深化社会事业领域合作十分必要。

二、粤港澳社会事业领域合作的现实基础

粤港澳区域内教育交流与合作具有深厚的历史渊源。从广东早期科举制对粤港澳区域内教育的影响，到16世纪澳门开埠时开展的各种教育活动，再到鸦片战争后香港开埠移植英国学校对粤港澳区域内教育的推动，该区域的教育呈现出互动发展的趋势。经过多年的教育改革及发展，尤其是港、澳相继于1997年、1999年回归祖国以后，该区域内已逐步形成具有鲜明特色的教育体系。广东已建成基础教育及职业教育并重、公立教育与私立教育互动的多元办学体系。香港坚持全人发展的教育理念，以教育与市场需求紧密联动的运行机制为依托，创建了开放性的国际化教育体系。澳门也逐步形成了多样化的开放性国际教育体系。

发扬粤港澳地区以岭南优秀历史文化传统为底蕴、以现代文明素质为特征的新时期粤港澳人文精神。各种民间交流频繁，各种国际性的会展、论坛，建设交易平台促进了文化交流。特别是秉持岭南文化传承创新体系，以地域特色鲜明的建筑、方言、饮食、民俗、音乐、画派、节事、演艺等为重点，挖掘传统文化的当代价值，充分展现岭南独特的生

活方式、民俗风情以及价值观念和审美情趣。

在全面深化医疗卫生体制改革的要求下，近年来广东统筹推进基本医疗、公共卫生、基本医保、药品供应和监管体制改革，医疗保障水平不断提高，医疗保障体系不断完善。香港医疗保障制度自20世纪80年代建立以来，为市民提供了高质量、全方位的医疗保障服务，现已形成区域医疗资源有效整合的医疗一体化管理架构，即七大区域联网组建管理架构，各区域医疗机构均设立了可提供基础医疗服务的基层医院、紧急治疗的急诊医院以及针对疑难杂症治疗的专科医院。医疗服务体系实行纵向管理，即医管局董事局—行政总裁—联网总监—院内行政总监，保证了医疗资源纵向管理有序高效。澳门现代医疗保健体系始发于20世纪80年代，现在已形成两大类三层次的网络结构。一类是由私人或社会组织提供的医疗服务，包括非营利性和营利性两种，另一类是由澳门政府承办的医疗机构提供的服务。三层次分别是：第一层次是由卫生局属下的卫生中心提供全民免费初级医疗保健和护理服务；第二层次是由仁伯爵公立医院及私人医疗机构提供的门诊服务；第三层次是由仁伯爵医院和镜湖医院共同承担的专科及住院治疗。在医疗保健服务的供应上，澳门私营机构起到重要作用，其规模远超公营体系，提供服务的数量也超过公营机构。而这些私营机构有部分是不以盈利为原则进行运作的，属于慈善性质的医疗机构。在整体医疗保障体系中，政府资助了部分私营机构以及所有的公立机构，政府承担了绝大部分的医疗保障成本，其医疗保障费用采用以政府税收为主导的融资模式，公营部门及慈善/非牟利机构负责了相当比例的医疗保健服务。

人类资源配置方面，广东人力资源较为丰富，但是劳动力受教育水平偏低，产业间劳动力配置存在失衡，社会保障管理体制中政府的作用较大。香港人力资源供求矛盾日益突出，社会保障管理体系中政府的作用有限。澳门人力资源并不能完全满足经济适度多元化的需求，社会保障体系已经基本建立。

近年来，港澳游客基本占广东省入境游客的50%左右，而粤港游客约占澳门入境游客的50%左右(其中广东游客约占30%)，内地游客约占香港入境游客的75%。以建设“21世纪海上丝绸之路”为契机，拓展粤港澳区域内旅游资源整合和区域间合作的广度和深度，实现区域旅游空间结构演变和区域旅游经济的协调发展，将粤港澳打造成具有全球影响力的世界一流旅游目的地。

三、全面深化社会事业领域合作

深化粤港澳社会事业领域合作，需要把发展社会事业放在大湾区建设的突出位置，科学规划，统筹安排，深化合作，协调发展。持续提升文化软实力，建设文明高尚的大湾区精神家园；率先基本实现教育现代化，打造国际一流的大湾区教育高地；不断提高人民健康水平，建设高效完善的医疗卫生服务体系；全面优化人力资源和社会保障，打造为事业发展提供内生动力的强力引擎；大力发展粤港澳特色旅游业，建设粤港澳世界级旅游目的地。

(一)加强教育交流合作

把加强教育交流合作作为实现粤港澳大湾区融合发展的重要桥梁，根据粤港澳教育事业各自特点，发挥港澳教育与国际接轨的优势和粤地教育土地、生源资源的优势，以及粤港澳具有教育交流合作良好传统的优势，促进优势教育资源相互交流合作，着力建立合作长效机制，打造科学高效的教育交流合作新平台，吸引港澳优质教育资源在粤联合办学，重点开展工商管理、现代物流、国际房地产、中医中药、普通话教学等合作办学项目。加快推进中山大学、香港中文大学、澳门大学及粤港澳其他高校共建“粤港澳高校联盟”，加强粤港澳高校在教育和学生交流等方面的合作。扩大港澳内地升学资助计划，积极吸引港澳青年学生到粤高等院校求学及粤港澳大学互招本科生、研究生。组织开展粤港澳教育交流联欢活动，安排港澳大学生到广州、深圳等地进行毕业实习，为港澳中小学校长、幼儿园园长、教师开办各类教育改革、发展研修班。扩大粤港澳中小学生相互交流，增加粤港姊妹学校数量，提高教学质量。充分利用港澳爱国人士及基金会教育捐款，扶持对大湾区建设有重要应用前景或产生重大经济和社会效益的研究课题，为优秀青年教师提供资金和科研经费。深入推进粤港澳 UIC 合作办学模式，推动粤港澳教育合作上新水平，为国家教育改革提供有益经验。以产业需求为导向，扩大提升粤港澳职业教育范围和水平，促进香港、澳门有关机构利用资金和专业技术优势，在粤地合作开展各类职业培训和技术培训，推动粤港澳职业技术教育合作迈向更高层次。积极探索在深圳、珠海等地建立粤港澳教育合作特区，创新制度政策，破除制约粤港澳教育合作的体制制度因素，允许港澳乃至外国高校在遵守中国国家宪法法律的前提下，按照“校本教育”模式在教育合作特区内独立办学，实行特区管理，给予办学自主权，鼓励引进国际先进教育理念和科研成果，打造粤港澳大湾区世界一流教育体系。

(二)深化文化交流合作

以深化粤港澳文化交流合作机制为纽带，整合粤港澳文化资源，创建大湾区文化品牌，建设具有国际竞争力的文化市场。培育形成以社会主义核心价值观为灵魂、岭南优秀文化传统为底蕴、现代文明素质为特征的大湾区人文精神，强化文化熏陶，培育爱国情操。加快建设岭南特色文化强市，充分运用族谱文化、非物质文化遗产、春节和中秋节等中华传统节日文化等，挖掘时代价值，增进文化认同，强化港澳人心回归、祖国认同。利用粤地文化资源和文化场馆，在港澳联合举办文化展览、文化论坛、文化博览会等，提升港澳青少年对中华民族历史文化的凝聚力和向心力。深化文化交流合作，提升粤港澳文化品牌影响力。发挥粤语系在东南亚乃至更多国家和地区的独特魅力，创建“粤港澳南音粤乐薪传音乐会”、“粤港澳青年文化之旅”、粤港澳音乐夏令营、粤剧传承与保护、粤港澳博物馆专业论坛等文化品牌，鼓励支持粤港澳开展影视交流合作，共同打造具有世界水平和影响的大湾区影视城。大力推进粤港澳青少年文化交流，突出传承中国传统文化、国学研究、国画学术等，强化基因传递，继承爱国精神。依托“岭南文化”，进一步加强粤港澳文化产业合作，促进公共文化服务深度融合，在演艺节目和人才、文化资讯、文物博物、公共图书馆、非遗传承与保护、文化创意等方面搭建服务平台，深化产业合作，共同培养文化艺术创作、经营、管理人才，共同推动优秀文艺作品、文博藏品巡演巡展，共同提升公共文化服务水平，共同拓展网络及无线移动终端文化服务功能，共同组织多元化社区文化交流活动，共同推进粤剧和其他文化遗产的传承与发展。依托港澳平台，共同开拓国际市场，推动文化产业的纵深发展，推动粤港澳传媒出版、影视节目、工艺美术和金融机构的业务合作，联合打造“走出去”文化精品。积极扶持港澳通过举办国际性的会展、论坛，建设交易平台，承担起带领内地文化产业走向国际的角色，推动粤港澳区域文化从过去强调交流和产业合作，发展到关注文化资源共享、共同品牌打造和提供便捷的跨境服务。加快建设广州、深圳、珠海等地的文化产业园区，培育一批成长性好、竞争力强的骨干文化企业，增强大湾区文化产业的整体实力和国际竞争力，打造具有粤港澳特色的民族文化产业世界品牌，不断扩大国际市场的中国文化份额。

（三）拓展医疗卫生交流合作

以实现粤港澳医疗卫生资源优势互补为推手，协调粤港澳不同资源，促进粤港澳资源合作共享，推动粤港澳医疗卫生交流和产学研合作向更广领域和更高水平发展。发挥香港医疗救护服务优势和澳门基础护理服务优势，在大湾区建设跨区域医疗中心和卫生服务区，支持港澳服务提供商开办独资医院，引导港澳资金向高端医疗市场投入，鼓励有资质的港澳人员依法设立私人诊所，全方位实现粤港澳公共卫生服务资源合作共享。针对粤港澳各自技术特色，推动实现大湾区医疗供需精准对接，形成技术双向流动、服务互补互助的合作交流模式，实行医疗记录跨地域查询,促使城乡居民方便快捷地获得医疗服务。大力推动粤港澳医疗卫生人才交流协作,共同培养和建立高素质高水平的医疗卫生专业人才队伍。实施跨境联合会诊和互派医护专家扶弱扶困制度,改善滞后地区医疗卫生条件,带动提升大湾区整体医疗卫生服务水平。发挥粤地中医资源丰富、国家级中医专家众多的优势,联合发展粤港澳中医药产业,加快建设珠海横琴粤港澳合作中医药产业园区,共建国际中医药产业基地及国际中医药交易平台,打造康复医疗、养生养老、休闲保健、数字远程医疗一体化的中医药服务基地。建立健全大湾区疾病预防控制和突发公共卫生事件应急处理协调机制和联防联控网络,及时监测重大传染病疫情和重大公共卫生事件发生,相互通报卫生检验检疫情况,联合进行突发公共卫生事件防控应急演练,促进粤港澳疾病预防相关数据实现共享,持续提升应急处置能力、信息交流能力和联防联控能力。推动大湾区成为健康湾区、卫生湾区。

(四)扩大人力资源和社会保障合作

把扩大人力资源和社会保障合作作为深化粤港澳融合的基础性工程,构建政府主导、民间参与、协调推进的大湾区人力资源和社会保障管理体系,共同推动粤港澳人力资源合理流动和有效配置,加快粤港澳人力资源和社会保障一体化进程。进一步加强广州南沙、深圳前海及珠海横琴等人才合作示范区建设,推动人才评价使用、交流配置、薪酬激励、和谐就业、人才管理服务等取得新突破。加快引进港澳会计、法律、医疗卫生、教育培训、管理咨询等专业服务机构,在工商登记改革、仲裁制度、社会组织培养等方面加强粤港澳衔接,共同建立大湾区专家库,形成具有国际吸引力和竞争力的人才集聚区。发挥广州“留交会”、深圳“高交会”和“国际人才交流大会”等载体平台的作用,吸引国际高端人才到大湾区干事创业,深化世界高端机构与人才和大湾区高新区、产业园区、企业合作交流,优化科技产业对接。加快粤港澳劳动就业及社会保障管理体制的衔接,建立粤港澳执业资格互认机制,健全职业资格审核和互认机制和机构设置，推进粤港澳服务人员执业资格互认或单边认可，推动在粤工作、居住的港澳人士的社会保障与港澳有效衔接，促进粤港澳区域的人员、信息、资源要素等便捷流动，实现大湾区人力资源互通和共享。强化粤港澳技术技能培训合作，引导各类技工院校与企业开展对接合作，培训急需紧缺专业技术人才和技工，强化粤港澳就业服务平台建设，面向人人，统一标准，促进粤港澳人员就业创业。大力促进社会组织及社会团体健康发展。在健全法律、完善制度、加强监管的原则前提下，逐步将社会福利服务项目交予民间组织和企业，促使粤港澳民间组织形成对等合作关系，统一社会福利管理机构职能职责。加快破除影响粤港澳劳动力自由流动的制度障碍，依法保护流动劳动力的权益。探索实行弹性工时制度和雇主举证证明竞业禁止时间、范围没有超过商业秘密保护的实际需要的制度，维护劳动者权益。健全粤港澳人力资源和社会保障合作协调机构，加强组织、规划、沟通、协调，探索建立跨境民生和公共服务合作机制，为港澳居民创造社会保障可携环境，鼓励港澳专业社会服务机构参与公共服务合作，打造粤港澳人力资源和社会保障合作发展升级版。

（五）强化旅游开发合作

以建设“21世纪海上丝绸之路”为契机，拓展粤港澳旅游资源整合与合作，促进旅游经济协调发展，推动大湾区旅游一体化建设。发挥岭南文化、香港国际大都会、澳门博彩和葡语文化等旅游资源优势，开发精品旅游项目和旅游产品。依托珠海横琴长隆国际海洋度假区、深圳大小梅沙国际休闲度假区、国家5A级景区顺德长鹿农庄、阳江海陵岛等，推动粤港澳在海洋旅游、商务会展、休闲度假、养生旅游、邮轮旅游等方面的深度合作。突出海洋特色生态旅游，建设一批具有国际知名度的滨海旅游胜地、海洋文化体验旅游基地和海洋文化旅游项目。联合开发粤港澳休闲美食游、寻根探祖游、地质公园—世界遗产游、文化历史游、滨海风光游“一程多站”旅游线路，积极培育“澳门历史城区——开平碉楼——韶关丹霞山”世界遗产旅游专线，丰富粤港澳都市休闲游线路，推动海上丝绸之路沿线国家共同打造“21世纪海上丝绸之路”旅游线路，加快形成粤港澳黄金旅游带。加快建设粤港澳无障碍旅游区，支持粤港澳在外国游客入境、过境旅游便利化及中西医融合医疗养生体验游等方面开展先行先试，实行部分国家旅游团入境免签政策或落地签证，简化邮轮、游艇出入境手续，优化调整赴港澳个人游政策措施，有序开展粤港澳游艇自由行。推动建设广州南沙、珠海横琴两大免税购物中心，打造粤港澳旅游购物天堂。推进粤港澳邮轮旅游合作，依托广州、深圳、珠海、香港、澳门等，开发连接新加坡、马来西亚、文莱、越南等的东南亚邮轮航线，建设中国顶级游艇会和国际邮轮码头等项目，打造粤港澳国际著名邮轮旅游中心。加快发展“智慧旅游”，充分利用云计算、大数据、物联网等技术，开发线上线下融合的旅游产品，优化旅游经营模式，建设粤港澳旅游信息公共服务平台，共享信息资源。推动大湾区成为有全球影响力的世界旅游目的地。

第十节　增强粤港澳大湾区环境支撑功能研究

建设世界一流的粤港澳大湾区，需要强有力的优质环境支撑。粤港澳大湾区目前还存在法治理念有待进一步确立、法律的权威性有待进一步树立、依法行政有待进一步加强等问题，环境支撑功能亟待强化。

一、粤港澳大湾区当前的环境支撑

粤港澳大湾区地处两种制度交汇的最前沿，在体制机制创新方面扮演引领带动作用的角色。港澳在体制资源和社会管理模式上具备优势，具有与国际接轨的法律体系和市场规则。珠三角是改革开放的先行地，市场化程度较高、市场体系较完备，有一套较完备的法治化国际化营商环境和机制。加快粤港澳大湾区区域合作，有利于创新粤港澳合作机制，突出“两制”的互补性，更有效地促进珠三角区域合作共赢，使粤港澳大湾区成为引领泛珠三角区域制度创新和科技创新的试验平台和配套改革试验区。

二、增强粤港澳大湾区的环境支撑功能

（一）发挥“一国两制”“港人治港”“澳人治澳”的政治优势

充分发挥“一国两制”“港人治港”“澳人治澳”的政治优势，以建设法治政府为核心，以完善市场、政府、社会三大领域法律制度体系为重点，促进大湾区治理体系和治理能力现代化，全面构建符合国际惯例、具有国际竞争优势的法治环境和商业规则，全面提升政府公共服务能力和水平，全面推进社会信用体系建设合作，建设法治湾区、信用湾区、文明湾区、阳光湾区。

（二）大力推进法治城市建设

充分利用经济特区立法优势和香港、澳门特别行政区立法权优势，加强和改进大湾区立法，借鉴国际社会法治建设成功经验，弘扬社会主义法制精神，在国家基本法律框架下，在立法、司法、执法、仲裁、知识产权保护、法律服务等方面先行先试，在大湾区法治建设上率先取得突破，率先建立符合大湾区战略定位、与国际高标准贸易投资规则接轨的法律框架和制度体系，全面打造国际化、市场化、法治化一流的营商环境，打造与国际规则相衔接的优良营商环境，形成可复制推广的经验，引导广东及其他区域形成国际化、市场化、法治化的营商环境，提升对高标准国际规则、标准的适应力。深入开展法治宣传教育，增强全社会特别是公职人员学法守法理念，推动领导干部带头学法、模范用法，把法治教育纳入国民教育体系和精神文明创建内容，健全媒体公益普法制度，深化基层组织、部门、行业、企业依法治理，增强全社会法治意识、规则意识和契约精神。健全覆盖城乡居民的公共法律服务体系，大力发展律师、公证、人民调解、司法鉴定等法律服务业，完善法律援助制

度，加快实施一村(社区)一法律顾问等一批法治建设工程。依法妥善处置信访、行政诉讼、劳资纠纷、民族宗教等社会问题，强化土地征收、环境保护、公共安全等矛盾频发领域的源头治理，健全排查、预警、处置机制，营造全社会良好的法治环境。创新社会治理体制，推进依法治理精细化，完善城乡服务治理体系，健全基层群众自治制度，全面落实乡镇(街道)领导干部驻点联系群众制度，支持群团组织参与创新社会治理，培育发展一批行业协会商会类、科技类、公益慈善类、城乡社区服务类等社会组织，激发社会治理活力。大力发展志愿服务事业，健全志愿服务事业国际化、宿舍化发展机制。积极开展法治国际交流合作，加强对国际法、适用国际条约惯例和各国法律的研究，构建符合国际惯例和促进商业文明的运行规则和制度体系，强化对大湾区建设的法律保障服务，打造大湾区法治建设示范区。

(三)全面提升政府公共服务能力

大力加强政府公共服务建设，是建设粤港澳大湾区的内在要求，也是满足人民需求和建设服务型政府的重要途径。坚持运用法治思维和法治方式建设服务型政府，推动政府提供高质量的公共服务，营造国际一流公共服务环境。健全依法行政和决策机制，促进政府秩序规范，实现政府机构职能、权限程序法定化，切实维护公民、法人和其他组织合法权益。强化行政机关依法决策主体责任，严格落实公众参与、专家论证、风险评估、合法性审查、集体讨论决定的法定程序。建立重大决策合法性审查、责任追究机制，强化依法行政考核。全面规范涉企检查项目、查检备案等工作机制，维护企业正常生产秩序，严厉打击各种经济犯罪行为。积极推进行政审批制度改革，公布实施权力清单、责任清单和公共服务清单，不断深化自贸试验区、一照一码、“多规合一”等重点领域改革，服务大湾区建设。强化公正文明执法，在食品药品安全、安全生产、环境保护、劳动保障、社区矫正、海域海岛保护、河道及水资源管理等重点领域加强基层执法力量，理顺城管执法体制，全面实行行政执法人员持证上岗和资格管理制度，制定执法标准化流程并向全社会公开，促进公正执法、阳光执法。加强对行政权力的制约和监督，构建人大监督、民主监督、行政监督、司法监督、审计监督、社会监督、舆论监督协调联动、紧密衔接的工作机制。把公平公正公开原则和科学民主要求贯穿政府法规规章，加强立法和改革决策衔接，推动重大改革依法有序进行。深入推进政务公开，提高大湾区政务公开信息化水平，打造廉洁透明、便捷高效的大湾区政务环境。

（四）推进社会信用体系建设合作

在全球信用经济社会发展的背景下，合作推进社会信用体系建设，成为粤港澳大湾区建设的关键。支持推进内地九省区与港澳之间的信用体系的逐步对接，建立区域信用联动机制，开展区域信用体系建设合作与交流，促进信用建设经验成果及信用市场服务的互通、互认和互用。推进社会信用体系建设合作，按照社会信用信息共享交换平台建设总体要求，建立健全各行业各领域信用记录，并与全国统一的信用信息共享交换平台实现对接，以统一社会信用代码为标识，实现企业登记、产品质量监管等信用信息的共享交换。依托粤港澳区域合作机制，建设粤港澳社会信用合作体系，打造具有国际信誉的“信用大湾区”。推进政务诚信建设合作，提升政府公信力，以政务诚信带动社会诚信。推进社会诚信建设合作，加强全民职业道德与社会公德建设。推进司法公信建设合作，健全司法公信工作机制。创建大湾区信用联动机制，加强粤港澳信用制度顶层设计、共享机制、奖惩机制等方面合作，深化粤港澳信用信息互联共享，建立大湾区统一信用评价标准，完善信息资源采集与提供、申请与交换、共享与安全、评估与监督等制度，搭建大湾区公共信用信息共享服务平台。健全大湾区知识产权保护机制，完善专利代理信用信息联合查询系统。建立完善统一的企业信用分类标准，实现大湾区跨境信用联合惩戒，完善“一处失信、处处受限”的失信惩戒机制。联动开展诚信教育和诚信文化建设，共同营造“守信者荣、失信者耻、无信者忧”的良好氛围。深化大湾区信用体系建设合作，加快建设大湾区信用网、公共信用信息基础数据库、政府内部联合征信数据交换平台和公共信用信息统一发布平台，建立健全大湾区各行业各领域信用记录，并与国家和国际信用信息共享交换平台实现对接，以统一社会信用代码为标识，实现企业登记、产品质量监管等信用信息的共享交换。合作推进中小企业信用体系试验区建设。围绕信用信息共享、产品应用、联动奖惩、制度保障、信用服务市场发展等领域，加快大湾区社会信用建设一体化进程，促进信用信息互查、诚信企业互认、信用服务机构备案互认，实现大湾区信用建设经验成果及信用市场服务的互通互认互用。

第七章　促进粤港澳深度融合发展

香港、澳门回归以来，“一国两制”实践日益丰富，政治稳定，经济繁荣，人民生活水平不断提高。“一国两制”的实践创立了人类历史上的一个全新范式，也为人类文明化付出了自己的贡献。但是，粤港澳在融合发展中仍缺乏高效的、权威性的协调机制；粤港澳体制政策差异明显，行政区体制与跨区域经济合作之间存在矛盾；粤港澳间的观念和利益存在着差异，在合作理念上存在分歧；香港的围城心态与经济民粹主义的抬头，其国家认同感的变化受到关注等。

第一节　粤港澳大湾区融合发展重要性

一、粤港澳融合发展问题与挑战

香港回归祖国 20 多年以来，“一国两制”理论得到成功的实践，但也面临一些社会领域的挑战。在“一国两制”下，如何在价值观念、制度安排、发展程度的差异下求同存异，形成思想共识，凝聚两地力量，推动香港人心回归，加快两地社会发展目标的融合，一直是内地与香港各界广泛关注的焦点，亟须在体制机制和政策创新方面取得突破。

（一）从政治方面看

改革开放后，珠三角凭借毗邻港澳的优势，依托港澳的商业投资迅速发展起来，共同创造了举世瞩目的经济奇迹。香港回归后，香港人的社会地位有了一个根本性的变革，香港人才拥有管理香港的民主权利。

香港的基本法规定港人有选举权和被选举权。港人有言论、新闻、出版的自由,有结社、集会、游行、示威、罢工的自由,有组织和参加工会的权利和自由,有权对行政部门和行政人员的行为向法院提起诉讼。按基本法的规定,特区行政长官是由港人选举产生的,港人有管理国家事务的权利。这些自由都是香港在受到英国当局殖民统治时期的百姓所没有的。香港经济繁荣是与内地紧密相连的,是与中央政府、13多亿人民的支持分不开的。但近年来,香港社会高度分化,在包括政治改革和经济发展等方面和内地所希望的相去甚远,仍然有极少数人敌视祖国统一,利用各种形式挑拨离间两地人民关系,污蔑香港没有民主,咒骂中国人民,为英国殖民统治涂脂抹粉,他们的目的就是分裂中国。邓小平同志指出,"港人治港有个界线和标准,就是必须由以爱国者为主体的港人来治理香港……爱国者的标准是尊重自己的民族……拥护祖国恢复行使对香港的主权"(《邓小平文选》第三卷第61页)。邓小平同志为什么提出爱国者这个问题呢?这是因为他知道当时或将来都会有人反对祖国统一,都会有不爱国的人。如今香港暴露出的问题证明,香港确实有一部分人反对香港跟内地的融合,他们甘愿做"西方国家的奴才",一有风吹草动就兴风作浪。他们讲的"一国两制"只要香港这一部分,不想要内地这一部分,骨子里就不想融合。粤港澳大湾区融合发展规划的提出,也同样会遭到少数反对派的异议,甚至成为其政治作秀的工具。

(二)从体制机制壁垒看

"一国两制"形成港澳与内地的体制差异明显,粤港澳大湾区是"一国两制"、自贸区、CEPA等多重体制叠加。大湾区包括三个不同的关税地区、三个省级的行政单位,如何统一规划协调存在诸多困难。广东省推进融合发展以行政手段为主,但港澳方面必须遵循市场化、自由化原则,主要依赖于民间正式或非正式的集团;观念和利益之间存在差别,使得粤港澳在合作时存在难以协调的问题;港澳对内地法规政策了解得还不透彻，而广东企业对港澳的开放市场还不能完全适应。要充分挖掘各自体制优势和政策优势，缩小体制差异性。

（三）从政策差异性上看

总体上港澳实行低税率政策，内地税率相对较高，尤其是关税方面差异巨大。在法律法规方面，香港属于英美法系，是一个成熟的法治社会，内地属于大陆法系，距法制社会有一定差距。在标准方面，港澳行业通用的是国际标准，在与广东合作时还面临着行业标准统一的问题。例如，目前粤港澳之间的职业资格认证还未出台互认政策，影响了区域人才的流动。

二、粤港澳的战略定位

由于特殊的制度创新优势、区位优势和资源禀赋条件的比较优势，粤港澳区域的经济合作不但在国际产业分工和经济全球化过程中占有重要地位，而且在国内区域经济格局中也具有排头兵和增长极的独特作用。粤港澳合作已远远超越区域性、地缘性经济合作的范畴。要用世界眼光来谋划和深化粤港澳合作，把粤港澳看作一个整体来谋划合作。高标准建设好粤港澳合作区，不但是推动粤港澳和整个中国经济持续、稳定、快速发展的重要动力，而且对解决台湾问题具有巨大的示范效应。因此，我们应从国家层面的战略高度，重新定位和审视粤港澳合作，将传统的以地方为主的粤港、粤澳双边协商机制转变和提升到中央主导的三边或多边协商机制，建立国家级区域协调机构，加强中央在粤港澳合作中的主导性作用，建立中央政府主导下的粤港澳三边合作机制和制度协商平台。

（一）广东

广东作为港澳的经济腹地和保持港澳繁荣稳定的可靠保障，成为内地与港澳经济合作的“先行区”和继长三角后的中国经济发展的重要引擎。广东是世界性制造业基地和全球性产品生产、集散和销售中心。

从广东的经济发展角度看，广东经济在总量规模上先后超越了“四小龙”，但在经济质量、产业结构和人均产值上却仍与“四小龙”存在巨大差距。而广东要真正在经济规模和经济质量上都全面赶超“四小龙”，就必须以深化粤港澳大湾区融合发展为契机，构建粤港澳大湾区合作新平台，引进香港的高端服务业和“一带一路”沿线国家的高端制造业，实现广东产业结构在全球价值链上的链节提升和结构转型升级。

（二）香港

香港是世界金融、航运、贸易中心。香港是继纽约、伦敦后的世界第三大金融中心，在世界享有极高声誉。香港股票市场是亚洲第二大市场。目前，全球排名前100位的银行中，有70多家在香港营运。香港现有310多家银行机构和180多家保险公司，另有大约700家证券经纪行和1900家单位信托基金或互惠基金公司。以对外银行交易量计算，香港是世界第十五大银行中心。以成交额计算，香港是世界第六大外汇交易市场。香港没有外汇管制，各种外币可以随时兑换调动，而且资金进出没有限制。中央先后推出CEPA、内地居民赴港“个人游”、泛珠三角区域合作、开放人民币业务、推动国企赴港上市等一系列重要措施，不仅创造了内地与香港互利互惠的双赢局面，更巩固了香港的“三大中心”地位。香港是世界第七大航运中心，是重要的国际商港。从香港到世界各地有20多条航线。香港也是进入内地经商和旅游的大门。目前在港的约80家国际航运公司每星期提供超过500个航班，目的地遍及全球500个港口。香港也是国际和亚太地区重要的航运枢纽和极具竞争力的城市之一，连续21年经济自由度指数位居世界首位。香港是全世界最自由和繁荣的商贸港口，香港和100多个国家有免签证协议，和珠江三角洲也即将推出免签证来往旅游计划；货物进出不征关税，海陆空物流处理速度极快。香港是世界第八大贸易体，从香港出口或转口的货物遍及五大洲，而世界各地的货物也在源源不断地进入香港或经过香港进入内地。优越的地理位置、良好的港口条件和有限的自然资源及狭小的都市空间，使得香港在开埠之初就确定了以转口贸易为都市发展的道路。香港传统的最大贸易市场是欧洲和美国，香港的贸易进口来源地主要是中国内地（37.6%）、日本（15.6%）以及美国、新加坡、韩国等。近年来，台湾与香港贸易发展很快，已占香港进口贸易的第3位，出口的第7位，转口的第6位。

（三）澳门

澳门是世界性博彩旅游中心，历史上，澳门曾经是海上丝绸之路旅程中的节点之一，也是明代海上丝绸之路的重要港口，中西文化的交汇地。16—17世纪中叶，澳门以广州为中心、中国为腹地，成为远东贸易中心，经营四条国际路线：澳门—果阿—欧洲贸易航线；澳门—日本贸易航线；澳门—马尼拉—美洲贸易航线；澳门—东南亚贸易航线。而当时的香港还没开埠。现今，澳门是中国与葡语国家商贸合作服务平台的主办方和常设秘书处。澳葡关系密切，澳门是我国打开欧洲葡语国家市场的重要渠道。

（四）粤港澳发展优势

香港具有国际性金融、贸易、航运中心和现代生产性服务业的优势。香港的现代服务业与广东的制造业如何加强合作、优势互补，是粤港澳合作一个极为重要的方面，应加大开展银行、证券、保险、评估、会计、法律、教育、医疗等领域的合作。借鉴香港物流业管理模式、经验和技术，发展广东的物流业；利用港澳资本和管理经验，完善广东的酒店、旅游点等基础设施；利用港澳旅游网络，开拓国际旅游市场；实现广东、香港、澳门旅游资源的优化组合，建立满足不同市场需求的跨区域的旅游路线，做大粤港澳的旅游产业。粤港澳要找准自己的发展战略定位，重点在融合发展上下功夫，粤港澳合作发展潜力巨大。粤港澳地区也是世界性都会区和城市群，粤港澳合作的成败和影响已远远超出中国范围而具有世界意义。通过粤港澳优势的优化融合，形成新的优势、新的竞争力、整体的竞争力，进一步提升粤港澳在亚洲地区经济格局的地位、影响力，更好地服务粤港澳经济发展的战略目标，在新的起点上推进粤港澳合作。要全力支持香港巩固国际金融、贸易、航运中心的地位，全力支持澳门巩固世界旅游休闲中心的地位。推动共同发展、创新发展、分工发展，同时，要进一步加强经济、文化、教育、金融、信息环境等方面的融合，为整个合作奠定一些基础性的东西。只有将粤港澳作为整体来考虑，才能产生和创新有足够拉动力的战略平台。

三、以世界标准谋划和构建

在实行"一国两制"的前提下，依照国际标准，要考虑如何消除、解决彼此之间的利益矛盾，努力解决彼此对立和积怨问题，积极化解彼此矛盾，加深合作，实现共赢。以世界眼光谋划粤港澳关系，以全球视野审视粤港澳的未来，以开放、包容和务实的心态拓展合作空间，以加强和创新社会管理作为新起点和新契机，大胆设计，超前谋划，把粤港澳更紧密合作进一步引向深入，以更好地实现粤港澳的优势互补、互利互惠、繁荣稳定和共同发展。我们应跳出粤港澳来看粤港澳，用世界眼光和全球视野来谋划粤港澳合作，我们应高起点、高标准来建设世界水平和全球价值的粤港澳特别合作区，使粤港澳成为国际性金融、商贸、物流、旅游中心和世界性制造业基地，使粤港澳成为世界经济发展的重要一极。

从粤港澳金融合作和香港金融中心发展的角度看，香港作为区域性金融中心，具有建立粤港澳金融创新圈和构建"亚洲纽约"的雄厚实力和优势条件。近年来虽然亚洲的经济实力在不断攀升，但亚洲地区仍然缺乏一个能与英国伦敦和美国纽约相抗衡的金融中心。一直以来，亚洲各金融中心之间没有明显领先者。但据英国伦敦金融城 2007 年公布的调查数据显示，由于香港拥有中国内地庞大的发展平台，享用中国内地企业来港上市的"盛宴"，并在热切期待"港股直通车"的到来，因而香港的金融竞争力不但超越新加坡，而且还遥遥领先于包括东京在内的其他亚洲金融中心。报告对全球 46 个金融城市加以比较和排名，结果伦敦排名第一，纽约其次，亚洲的香港与新加坡分列第三和第四名，东京排第九，上海排第 24 位。报告认为，香港因拥有广阔的发展腹地、最严格的监管机制和大量经验丰富的国际性金融人才而成为另一个全球金融中心的最有力竞争者。因此，香港如果能充分利用中国内地庞大市场与广阔腹地的优越条件，进一步深化粤港澳金融合作，延伸和扩展香港金融中心功能区范围，构建粤港澳金融创新圈，就完全有可能成为亚洲的纽约、中国的华尔街，成为继美国纽约、英国伦敦之后的另一个全球金融中心。

广东是世界性制造业基地和全球性产品生产、集散和销售中心，澳门是世界性博彩旅游中心，粤港澳地区也是世界性都会区和城市群。因此，我们应该用世界眼光和全球视野来谋划粤港澳合作，打造世界经济发展的重要一极。特别是从粤港澳金融合作和香港金融中心发展角度看，香港具有建立粤港澳金融创新圈和构建亚洲金融中心的雄厚实力和优势条件。如果深圳在与香港的金融合作中，对把香港建成亚洲金融中心的系统工程和“前台业务”给予强力支撑，大力发展“后台业务”，“前台”与“后台”全面配合，延伸和扩展香港金融中心功能区范围，就完全有可能把香港打造成为继美国纽约、英国伦敦之后的另一个全球金融中心。

由于粤港澳特殊的制度创新优势、区位优势和资源禀赋条件的比较优势，粤港澳大湾区的经济合作不但在国际产业分工和经济全球化过程中占有重要地位，而且在国内区域经济格局中也具有排头兵和增长极的独特作用。广东、深圳作为港澳的经济腹地和保持港澳繁荣稳定的可靠保障，成为内地与港澳经济合作的“先行区”和继长三角后的中国经济发展的重要引擎。粤港澳合作已远远超越区域性、地缘性经济合作的范畴。高标准建设好粤港澳大湾区，不但是推动粤港澳和整个中国经济持续、稳定、快速发展的重要动力，而且对解决台湾问题具有巨大的示范效应。应从国家层面的战略高度，重新定位和审视粤港澳融合发展合作，将传统的以地方为主的粤港、粤澳双边协商机制转变和提升到中央主导的三边或多边协商机制，建立国家级区域协调机构，加强中央在粤港澳合作中的主导性作用，建立中央政府主导下的粤港澳三边合作机制和制度协商平台。

在“一带一路”的大背景下，以体制机制创新为动力，以经济一体化为目标，以货物贸易自由化、服务贸易自由化和投资贸易便利化为主要内容，全方位推进粤港澳经济和社会的融合，充分发挥粤港澳大湾区具有开放创新的环境、高效的资源配置能力及发达的互联互通网络等优势，提升港澳在国家经济发展和对外开放中的地位和功能，支持港澳发展经济、改善民生、推进民主、促进和谐。全力支持香港巩固国际金融、贸易、航运中心的地位，全力支持澳门巩固世界旅游休闲中心的地位，推动金融、商贸、物流、专业服务等向高端高增值方向发展，提升粤港澳区域发展的国际竞争力。

四、深化“一国两制”的科学内涵

（一）“一国两制”是粤港澳融合发展的重要理论基础

“一国两制”开创了在不同社会制度条件下，用和平谈判方式，并在最大限度地维持现状条件下实现国家统一的先河。“一国两制”不但是一种新的统一观，而且是一种全新的发展模式。它把国家统一、改革开放和现代化建设作为一个整体进行考虑，既实现中华民族统一的愿望，也在统一过程中有效地维护港澳经济的繁荣发展和促进内地特别是广东的现代化建设。在新形势下，要深化拓展“一国两制”的科学内涵，全面准确把握“一国两制”的含义，为构建粤港澳融合发展提供理论支撑和实践指导，进一步凸显“一国”的共同利益，增强“一国”的凝聚力，减少“两制”的差异和摩擦力，加快粤港澳大湾区融合发展和一体化进程。

（二）“一国两制”是实现祖国和平统一的政治前提和基本保证

“一国”即世界上只有一个中国，香港、澳门都是中华人民共和国不可分割的组成部分;在国际上代表中国的,只能是中华人民共和国。“两制”是实现祖国和平统一的基本途径,是中国国家体制的重要特色。在“一国两制”框架下,国家的主体部分即内地地区坚持社会主义制度,而非主体的港、澳地区则保留原有的资本主义制度和生活方式长期不变。港、澳地区将依法设立特别行政区,除外交、国防外,享有高度的自治权,它包括:行政管理权、立法权、独立的司法权和终审权;财政独立;现行的法律基本不变;私人财产受法律保护;自行确定地区内的货币、金融、关税等政策;可使用区旗和区徽;官方正式语言除中文外可包括其他语言。要坚决维护宪法和香港基本法的权威,坚持以爱国者为主体的“港人治港”,坚定支持行政长官和特别行政区政府依法施政,深入推动内地与香港交流合作。这是关系到继续保持香港繁荣稳定,关系到国家主权、安全和发展利益的艰巨而复杂的战略任务。当下香港社会围绕政改议题争论不休,少数别有用心之人借机发难,假借民意向中央和特区政府施加压力,实则是干扰破坏“一国两制”的行径,企图颠覆中央对香港的依法管治。香港作为一个特殊的地方行政区域,香港的政制发展既不能照搬西方标准,也不能实行内地模式。通过粤港澳大湾区融合发展,各方精诚合作、务实探讨,实现共同繁荣发展。

1997 年 7 月 1 日,中国对香港恢复行使主权,香港以“一国两制”的管理方式重新回到祖国的怀抱。香港从祖国分离了 150 多年,香港已经有了自己的发展模式、发展轨迹,双方难免出现一些不适应甚至排斥的情况。同时,也面临国外敌对势力干预香港事务,试图把香港变成颠覆社会主义制度基地的情况。香港、澳门回归祖国以来,“一国两制”实践取得了举世公认的成功。事实证明,“一国两制”是解决历史遗留的香港、澳门问题的最佳方案,也是香港、澳门回归后保持长期繁荣稳定的最佳制度。保持香港、澳门长期繁荣稳定,必须全面准确贯彻“一国两制”、“港人治港”、“澳人治澳”、高度自治的方针,严格依照宪法和基本法办事,完善与基本法实施相关的制度和机制。要支持特别行政区政府和行政长官依法施政、积极作为，团结带领香港、澳门各界人士齐心协力谋发展、促和谐，保障和改善民生，有序推进民主，维护社会稳定，履行维护国家主权、安全、发展利益的宪制责任。香港、澳门发展同内地发展紧密相连。要支持香港、澳门融入国家发展大局，以粤港澳大湾区建设、粤港澳合作、泛珠三角区域合作等为重点，全面推进内地同香港、澳门互利合作，制定完善便利香港、澳门居民在内地发展的政策措施。我们坚持爱国者为主体的“港人治港”“澳人治澳”，发展壮大爱国、爱港、爱澳力量，增强香港、澳门同胞的国家意识和爱国精神，让香港、澳门同胞同内地人民共担民族复兴的历史责任，共享祖国繁荣富强的伟大荣光。

第二节　粤港澳大湾区高度融合发展路径

英国殖民统治导致香港与内地在经济发展、政治制度、文化形态与价值取向等方面的差异。尽管香港同胞面临殖民文化、西方现代文化、商业文化的冲击，但是，无论在历史上还是现实中，两地共同的历史渊源、民族血脉、传统价值与宗教信仰注定了香港和内地是不可分离的命运共同体，并没有因为英国殖民者的介入而发生根本性中断。粤港澳大湾区地理相连，语言文化相同，在历史上本来就从属于统一的岭南经济文化单元。

一、推进香港人心回归

党的十八大以来，习近平总书记高瞻远瞩地提出了“实现中华民族伟大复兴的中国梦”这个重大命题。中国梦是国家自强、民族自信、国民自尊的意识觉醒，反映了中华民族的整体价值取向，凝聚了当代中国人奋力和平崛起与民族复兴的目标指向。香港与中国内地是不可分割的整体，国家强大，民族强大，香港才可能强大。有国家和全民族作为香港发展的后盾，香港才能屹立于世界之林。香港与国家共谋发展大局，共同致力于实现中华民族伟大复兴的中国梦，这是不可逆转的历史潮流与最强烈的时代呼声。党的十九大报告明确指出，保持香港、澳门长期繁荣稳定，实现祖国完全统一，是实现中华民族伟大复兴的必然要求。必须把维护中央对香港、澳门特别行政区全面管治权和保障特别行政区高度自治权有机结合起来，确保“一国两制”方针不会变、不动摇，确保“一国两制”实践不变形、不走样。

在当前的时代背景下，以中华民族伟大复兴为价值导向，寻求香港和内地共同发展的契合点，推进“爱国爱港”统一战线理论创新，形成两地人民共同的价值基础和精神动力；通过中国梦的价值引导，探索香港与内地致力于推进国家繁荣富强、香港繁荣稳定的新路径。这既是积极回应新时期“一国两制”理论创新的内在要求，也是解决“一国两制”在香港实践中出现的矛盾与冲突的必然选择，更是切实推进香港人心回归工作的重要举措。具体而言，通过对香港核心价值观与社会思潮的分析和引导，有效地构建香港和内地意识形态的沟通平台。要有效推进这些工作，就必须坚持彼此包容、求同存异的方针，尊重香港社会的历史与现状，尊重香港现有的经济模式、政治制度、文化形态和生活方式。在理性对话、务实讨论、充分沟通的基础上，找出香港与内地利益博弈的平衡点、相似的价值取向、相同的发展目标，逐渐形成一致的社会共识。在这种基础上推进香港与内地进一步融合的具体工作。加强和提升国家话语权对香港社会价值观的渗透力、感召力，宣介中国梦的共同理想，凝聚内地居民与香港同胞共同的民族情感、心理诉求和精神纽带，逐步实现香港核心价值和国家主流价值的接轨，提高香港同胞对祖国的身份认同、文化认同、价值认同和国家认同。文化认同是基础，突出社会融合，突出粤港澳民众在频繁往来中的认同感、归化感，随着社会融合过程的深化，最终达到国家、区域的认同和归属。社会融合度越高，经济合作则越顺畅。

二、体制创新融合发展关键

推动粤港澳大湾区建设需要直面的问题是，粤港澳实行不同社会制度、采用不同法律体系、分属不同的关税区，且城市间、地区间发展不平衡，诉求、利益也不尽相同。在这一现实情况面前，如何进一步推动粤港澳大湾区建设，关键在于体制创新，粤港澳制度实现衔接。通过深化体制机制创新形成一体联动的格局，不仅应当成为制定粤港澳大湾区规划的核心所在，也必然成为大湾区建设发展的保障所在。要进一步探索形成连接粤港澳的体制通道，找到体制创新的方向，寻求粤港澳规则可接轨、可打通的最大公约数。建议在大湾区实现全面的单边开放，加强中央层面的协调，加强体制整合，推动体制的现代化，形成新的制度、新的模式，推进大湾区一体化发展。

三、加强公共产品合作

粤港澳大湾区建设涉及很多方面，要进行体制创新也面临千头万绪，要从公共产品入手率先进行体制创新。公共产品包括道路交通、供水、供电、环境保护、垃圾处理等民生工程，采取共同投资、管理，让粤港澳大湾区居民感受到湾区合作的成果，从而进一步推动粤港澳大湾区的合作。在公共基础设施先完善的基础上，使要素能够更充分地流动，形成各地区的产业集聚。

四、进一步扩大改革开放

在大湾区建设中，广东的关键作用在于加快开放转型，尽快形成全面开放新优势。重点是以服务贸易推进开放转型。服务贸易的快速发展已经成为推动全球贸易进程与拉动世界经济增长的重要引擎。以服务贸易为重点推进开放转型，不仅可以加快形成广东对外开放新优势，还可以进一步突出广东在我国开放全局中的战略作用。广东要从优化自身营商环境入手，按照国际通行的规则，提升营商环境的法治化、国际化、便利化水平，在营商环境上缩小与港澳地区的差距。未来，广东要进一步扩大开放新优势，利用现有基础发展智能化制造业，引领世界经济新的潮流，开创新的外向发展空间，着力发展产能合作、构建内外经济连接。

五、坚持一体规划、整体推进

在“一国两制”推进的过程中，各界主要关注如何真正落实“港人治港”“高度自治”，如何确保香港的资本主义制度和生活方式保持不变等问题，对实施不同制度的两地间具体领域的制度对接、民众交往等社会层面的问题考虑不多。他们认为回归后，两地民众同文同种，血脉相连，随着交往和互动的频密，情感上也必然更为亲近。因此，回归十几年来，在两地关系上，一直缺乏统一的规划与安排，往往就事论事，重政策效果甚于战略考量，相关研究也没有系统展开，造成一些被动情况。如有些事情出现了才进行研究，预警性与前瞻性不足；有些政策可能未经深思熟虑、反复论证就匆忙出台，带来立竿见影效果的同时，也埋下无穷后患等。要加大湾区一体化规划研究，推进一体联动需要进行深层体制创新探索，通过探索形成连接粤港澳的体制通道，找到体制创新切入点和方向。

总之，在实行“一国两制”的前提下创造条件，逐步实现货物、资本、信息要素的自由流通和人员的充分流动。依照国际标准逐步统一商品规格、加强专利商标及发明权等方面的司法与行政合作。要从全国改革开放和经济发展的大局来谋划合作，考虑如何再造粤港澳在全国的区位优势，考虑如何消除、解决彼此内部的利益矛盾，形成“利益共同体”，实现共赢。粤港澳的法律框架、制度设计和运作机制有较大差异，只有努力做到经济行为主体独立化、经济行为契约化、法制化，强化市场运行机制，消除区域市场壁垒和不正当竞争，粤港澳区域才能真正融合。要重视建立和完善粤港澳市场监管合作机制，当前比较重要的就是如何通过政府之间的互动，进一步在制度的协调上加以深化。这需要探讨更多的政策化、措施化的思路。由中央政府成立一个领导协调机构，统一筹划，统一部署，及时协调解决粤港澳市场监管合作中遇到的深层次矛盾和问题。只有这样，粤港澳合作才能最大限度形成合力，实现共赢。

第三节　加强重点领域融合合作

一、经贸领域

以相互投资贸易便利化，建立更加自由的贸易安排为重点，实现区域内人员、商品、资金和信息的自由流动和资源的优化配置。港澳与内地的更紧密经贸关系安排包括货物贸易自由化、服务贸易自由化和投资贸易便利化等方面内容，投资贸易便利化相关的政策措施在不同的地区则可能做出具有差异性的制度安排。允许港澳人士在大湾区开办个体户，大湾区一些城市的居民可以更加自由地来往于港澳。在投资贸易便利化方面给予广东更加特殊的政策，在粤港澳之间建立特殊的经贸关系安排措施。

二、服务业领域

实现港澳的服务业特别是生产性服务业与大湾区先进制造业的结合是新时期粤港澳融合发展必须解决的重大问题。香港是国际性金融、贸易和航运中心，现代生产性服务业是香港的优势产业。目前广东服务业相对滞后，最有效的方法就是向香港开放服务业，鼓励共同发展国际物流产业、会展产业、文化产业和旅游业。香港的现代服务业与广东的先进制造业加强合作、优势互补，是粤港澳融合发展一个极为重要的方面，加大开展银行、证券、保险、评估、会计、法律、教育、医疗等领域从业资格互认工作力度，为服务业的发展创造条件。借鉴香港物流业管理模式、经验和技术，发展广东的物流业、旅游业。充分利用港澳的资本和管理经验完善广东的酒店、旅游点等基础设施；利用港澳国际的旅游网络，开拓国际旅游市场；实现大湾区旅游资源的优化组合，建立满足不同市场需求的跨区域的旅游路线，扩大大湾区的旅游产业和会展、管理咨询等方面合作。

三、金融业领域

发挥香港作为国际金融中心的角色和作用，要引进香港的金融资本、金融产品和金融管理经验，促进广州、深圳区域性金融中心的建立和发展，推进广东制造业的升级，使大湾区资金流动更加畅通和透明。进一步开展金融市场合作，重点是推进货币市场、资本市场、保险市场、期货市场合作；广东方面可以积极吸引港澳金融机构来粤深设立法人机构和分支机构，支持港澳资本参与广东地方金融机构的改革重组，推动金融机构赴港澳开设分支机构、拓展境外业务，进一步为粤港澳大湾区装备制造企业转型升级和发展服务业提供金融支持。推动香港、深圳证券交易所加强合作，对于巩固、提升香港国际金融中心地位，提高人民币在香港的结算作用，强化香港作为国际金融中心的地位都有重要的作用。

四、生态环境领域

治理大气污染和水污染等方面要通力合作，进一步加大联手治理污染的力度，促进粤港澳通过立法确定污染治理的目标、任务和时间进度。随着城际污染的叠加日益加剧，严重的治污情势要求，必须打破以往画地为牢的界线，粤港澳要融为一体。要完善珠三角污染防治的协调机制，由粤港澳共同建立一种协调机制，共同研究区域问题，如目前影响粤港澳的最主要的空气污染物、水污染等问题。大湾区要发挥一体化的优势，开展联合治污和修复生态，为人民创造健康的生活环境。

五、文化领域

大力推动文化融合，强化国民教育，培育爱国情操，实现“文化认同，人心回归”。广东应该学习借鉴港澳的文化市场意识，打造具有文化影响力的内外交流平台。深入挖掘传统文化的当代价值，加强文化产业合作，打造民族文化产业的世界品牌，搭建“岭南文化”合作平台，打造粤港澳文化创意产业带，推动大湾区文化产业升级和经济转型。

六、重大合作平台建设领域

推进深圳前海、广州南沙、珠海横琴、汕头华侨经济文化合作试验区等重大平台开发建设，建设沙头角经贸合作区，充分发挥其在进一步深化改革、扩大开放、促进合作中的试验示范和引领带动作用。积极推进港澳青年创业基地建设。支持大湾区各地市发挥各自优势与港澳共建各类合作园区，支持香港与澳门共建江门大广海湾国家级新区、中山粤澳全面合作示范区。

第四节　创新融合发展机制

一、创新高效协商体制机制

全面准确贯彻“一国两制”、“港人治港”、“澳人治澳”、高度自治方针，发挥港、澳独特优势，在CEPA框架下，构建中央政府主导下的协商机制，加强重大合作事项的决策、推动和协调，及时协调解决粤港澳市场监管合作中遇到的深层次矛盾和问题。

二、加强“去殖民化”的工作

香港关键要做好“去殖民化”工作。香港仍然存在的“殖民化”与“祖国认同”这一问题上的深层次矛盾，如果长期得不到解决，会影响到“一国两制”在香港的真正落实，去“殖民化”，强化“祖国意识”，这是香港今后必须要做而且是必须要做好的工作。“去殖民化”和“一国两制”完全是两回事。世界上任何一个曾经被别国进行过殖民统治，重获独立、民族解放的国家和地区，都在进行大量、细致的“去殖民化”的工作。

三、寻求共同利益契合点

目前粤港澳合作中，必须充分反映各方的经济诉求，以及市场的导向，关注利益的协调，力求使合作达致共同利益的最大化。同时，注重不同的制度、文化的差距，并且通过各种努力不断地缩小其差距。

四、开展多层次合作交流

加强政府、企业、社会多层次协调沟通，研究解决粤港澳融合发展过程中出现的问题。支持行业协会、智库间合作交流。加强青少年交流，强化广州、深圳青少年交流基地功能，支持开展多种形式的交流活动，打造粤港澳青少年交流特色品牌项目，支持港澳青年在大湾区开展志愿服务。

第八章　促进区域创新驱动发展

近年来，泛珠三角区域合作领域逐步拓展，合作机制日益健全，合作水平不断提高，粤港澳合作更加紧密。粤东西北地区经济社会发展取得显著成就，综合经济实力明显增强，主要经济指标增幅均高于全省平均水平和珠三角地区。但是，由于粤东西北地区发展基础薄弱、工业化和城镇化程度偏低、财政支出压力大，目前经济社会发展水平与珠三角地区仍存在较大差距，特别是各市的人均GDP均未达到全国平均水平。

要落实深化泛珠三角区域合作指导意见，共同推动泛珠三角区域合作与"一带一路"建设、京津冀协同发展、长江经济带发展，形成"3＋1"的区域发展战略格局。加强与"一带一路"沿线国家合作，在陆海内外联动、东西双向开放的全面开放新格局中发挥重要引擎作用。这就要求湾区主动拓展泛珠三角区域合作空间，推动区域协调发展。

第一节　加快粤东西北振兴发展

一、加快经济发展振兴赶超

大力发展特色经济和发展民营经济，推动民营经济和专业镇发展上规模、上水平，发展园区经济和专业镇，打造特色园区和特色品牌。大力发展现代工业，调整产业结构，优化发展临港工业、钢铁、石化、能源、装备制造等重化产业，因地制宜发展壮大矿产冶金、石材木材、硫化工、林产化工、食品饮料、烟草加工等资源型产业;加快发展现代物流、金融、科技服务、商贸会展等生产性服务业和新能源、新材料、生物医药、电子信息等战略性新兴产业。加快建设各具特色的现代产业体系。优化农产业结构,大力发展特色农业、品牌农业、效益农业、现代林业、优势养殖业,加快建设绿色农产品生产基地,建设现代农业流通体系。发展壮大海洋经济,建设海洋经济重点发展区和示范区。培育发展海洋生物制品与制药业、海洋新能源、海洋环保、海水综合利用等海洋新兴产业,集约发展高端临海临港服务业和先进制造业,加快提升远洋捕捞、海产品深加工等传统优势海洋产业,努力打造海洋经济强区。大力发展文化旅游产业。

二、着力主导产业做大做强

深入推进经济结构战略性调整,大力推进新型工业化和农业现代化,推动信息化与工业化深度融合,加快发展培育一批特色资源型项目,创出一批知名品牌,打造一批创新能力强、行业领先的大型龙头企业,形成一批带动力强、集约化水平高、关联度大的主导产业和产业集群,构建布局合理、特色突出、结构优化的产业发展新格局。积极承接引入珠三角产业转移,实现产业集聚发展,重点建设承接国内外产业园区,建设梅兴华丰产业集聚带,支持各地以县城为依托集中建设一批工业园区,促进产业向园区集中、园区向城市集中,实现产城融合。

三、加快基础设施提速升级

加快以交通项目为重点的基础设施建设,实现县县通高速,尽快贯通跨省界高速公路,形成以高速公路为骨架,公路、铁路、机场、港口、航道衔接顺畅的综合运输网络。推进铁路项目建设,建设赣深客专、广梅汕客专,加快形成珠三角连接粤东西北的轨道交通网。建设湛江机场、梅县机场,加快粤东西北地区通用航空机场布点与改扩建,构建具有竞争性的通航与服务网络。推进沿海港口、跨海大桥建设和江河航道整治，提高货物吞吐能力，改善通航条件。能源、水利、环保、信息化等基础设施支撑保障能力明显提升。加快建设梅州（五华）抽水蓄能电站。加强中小城市、工业集中区、重点城镇供排水、供电、供气、道路等公用设施建设，加大城镇污水处理、城乡垃圾无害化处理设施建设力度。加快推进民生水利工程建设。

四、加速中心城区扩容提质

推进“广佛肇＋清远、云浮”“深莞惠＋汕尾、河源”“珠中江＋阳江”新型城镇群建设，统筹推动粤东西北地区地级市中心城区扩容提质，大力提升城镇化水平，各市中心城区人口和产业集聚度大幅提高，综合竞争力明显增强，辐射带动周边县区发展，促进大中城市、中小城镇协调发展。打造粤东城市群、粤西沿海城市带、粤北生态城。粤东加快建设汕潮揭城市群，建设国家海洋产业集聚区。汕头市建设成为创新型经济特区；潮州市建设成为特色经济示范区和特色旅游目的地；揭阳市建设成为重要石化能源基地；汕尾市建设成为滨海旅游集聚区、宜居宜业宜游的现代化滨海城市。粤西加快建设湛茂阳临港经济带，拓展大西南港口腹地，打造国家级重化工业基地、海洋经济发展的重要增长极。建设湛江“21世纪海上丝绸之路”试验区，将湛江市建设成为海洋经济示范市、现代港口城市；茂名市建设成为石化基地、特色现代农业基地；阳江市建设成为国家新能源基地、休闲旅游度假胜地。粤北加快建设可持续发展生态型经济区，国家级文化旅游产业集聚区。韶关市建设成为国家旅游产业集聚区、老工业基地振兴示范市；河源市建设成为全国低碳示范城市、岭南健康休闲旅游名城、现代生态园林城市；梅州市建设成为全国生态文明建设试验区和广东绿色产业发展基地；清远市建设成为区域协调发展示范区、生态宜居名城；云浮市建设成为全国农村改革试验区、生态文明建设示范区。

五、加快民生福祉明显改善

推动社会事业发展进步，促进城乡区域教育均衡发展。提升医疗卫生服务水平，健全城乡医疗卫生服务体系。加快发展公共文化事业，大力弘扬潮汕文化、客家文化、雷州文化，提升文化对经济振兴的推动力。完善促进就业机制，推动产业园区增加就业，发展服务业促进就业，鼓励创业带动就业。健全全民社保体系，保障底线民生，实现城乡居民基础服务和基本保障目标，建立覆盖全社会、惠及全体公民的基本公共服务体系，提升人民生活水平和质量，实现区域城乡基本公共服务均等化。支持广东原中央苏区列入精准扶贫 IPO 绿色通道范围，支持更多企业进入主板市场。

六、强化生态环境持续优化

建设粤北山区和环珠三角外围生态屏障、东西两翼蓝色海岸带生态安全屏障，建设以西江、北江、东江、韩江、鉴江流域生态廊道为骨干的绿色生态网络，享受国家生态补偿政策，构建以“两屏、一带、一网”为主体的生态安全战略格局。加快建设林业重点生态工程和绿道网。加快推进生态示范、生态文明村镇创建活动，实施粤东西北地区美丽村乡建设工程。加强重点区域流域江河整治、大气污染治理和机动车污染防治，搞好跨省界水质断面的污染监控和农业面源污染治理，积极开展受污染土壤的生态修复。推进节地、节能、节水、节材和资源综合利用。

第二节　带动泛珠三角地区加快发展

一、发挥粤港澳大湾区的辐射引领作用

带动中南、西南地区加快发展，加强与长江经济带发展的有机衔接和统筹协调，在全国创新发展方面发挥重要的示范作用，构建有全球影响力的先进制造业和现代服务业基地，成为促进全国经济平稳健康发展的重要引擎。深化泛珠三角区域合作，拓展区域发展空间，促

进区域协同发展，进一步提升泛珠三角区域在全国改革发展大局中的地位和作用，促进泛珠三角区域合作向更高层次、更深领域、更广范围发展。

二、共同培育先进产业集群

加强泛珠三角地区产业协作，整合延伸产业链条，推进产业链上下游深度合作，培育形成优势互补、分工合理、布局优化的先进产业集群。大力发展“互联网＋”先进产业，积极发挥国家超级计算广州中心、贵阳国家大数据中心的作用，推进制造业数字化、网络化和智能化。完善区域制造业创新体系和产业协作体系，改造提升现有制造业集聚区，推进新型工业化产业示范基地建设，将泛珠三角区域打造成为“中国制造2025”转型升级示范区和世界先进制造业基地。改革服务业发展体制，创新发展模式和业态，扩大服务业对内对外开放，逐步放宽外资准入限制，加快推进与港澳服务贸易自由化。

三、共同培育对外开放新优势

发挥大湾区区位优势，完善联通内外的综合交通运输网络，加强与“一带一路”沿线国家经贸往来和文化交流。推动深化澜沧江—湄公河合作、大湄公河次区域经济合作和泛北部湾经济合作，积极参与中国—东盟自贸区升级建设，打造中国—中南半岛、孟中印缅经济走廊。鼓励区域内有条件的企业共同参与境外经济贸易合作区和农业合作区开发建设，推进国际产能和装备制造合作。加强协同配合，支持加快建设福建“21世纪海上丝绸之路”核心区，完善广东“21世纪海上丝绸之路”建设的重要引擎功能和深圳的桥头堡作用，把云南建成我国面向南亚、东南亚辐射中心，增强广西有机衔接“一带一路”的重要门户作用，进一步提升海南以及内陆省份在“一带一路”建设中的支撑作用。

第三节　带动"一带一路"沿线国家发展

一、辐射带动沿线国家发展

发挥大湾区连接南亚、东南亚和沟通太平洋、印度洋的区位优势，充分发挥建设福建"21世纪海上丝绸之路"核心区以及相关省区作为"一带一路"门户、枢纽、辐射中心和海上合作战略支点的功能，发挥港澳独特作用，共同推动"一带一路"建设，打造我国高水平参与国际合作的重要区域。

二、推动"一带一路"建设

深化澜沧江—湄公河合作、大湄公河次区域经济合作和泛北部湾经济合作，积极参与中国—东盟自贸区升级建设，打造中国—中南半岛、孟中印缅经济走廊。鼓励区域内有条件的企业共同参与境外经济贸易合作区和农业合作区开发建设，推进国际产能和装备制造合作。加强协同配合，支持加快建设福建"21世纪海上丝绸之路"核心区，完善广东"21世纪海上丝绸之路"建设重要引擎功能，把云南建成我国面向南亚东南亚辐射中心，增强广西有机衔接"一带一路"的重要门户作用，进一步提升海南以及内陆省份在"一带一路"建设中的支撑作用。充分发挥香港、澳门的独特优势，积极参与和助力"一带一路"建设。

三、发挥华侨华人的作用

"一带一路"沿线各国特别是东南亚国家是广东华侨华人的聚集地区，也是华商力量最强的区域，具有雄厚的经济金融实力、成熟的生产营销网络、广泛的政商人脉关系、牢固的中华语言文化传播平台，具有融通中外的独特优势，是助力"一带一路"建设的重要力量。在照顾华侨华人所在国舒适度的前提下，要高度重视和充分发掘华侨华人的巨大潜力，发挥华侨华人作为"一带一路"的参与者、建设者和见证者的重要作用。要鼓励华商与国内企业在交通运输、港口、产业园区建设等领域强强合作，借助华商力量实现产业转移和转型升级。发挥华商在船舶、运输、仓储、货运代理以及能源资源开发等领域的优势，借助并支持华商参与海上战略支点、重要港口、能源资源开发等重要项目建设。支持广东汕头经济特区建设华侨经济文化合作试验区，建设广东华侨华人高层论坛永久会址。积极发挥中国侨商投资企业协会的作用，加强与侨团、商会的联系交往，深入挖掘侨资、侨智资源，做好沿线国家重要侨商、新华侨华人和华裔新生代工作。

第九章　政策和重大项目建议

第一节　建设大广海湾国家级新区

建设大广海湾国家级新区充分体现了党的十九大大精神和习近平总书记对广东提出的“三个定位、两个率先”和“四个坚持、三个支撑、两个走在前列”的总体目标要求。改革开放以来，江门经济社会发展取得重要成就，形成了较开放的经济体系、高效的资源配置能力、较强的积聚外溢功能和遍布世界的华侨华人全球贸易网络，为进入新时代、开启新征程、创造新优势奠定了坚实基础，正处于大有可为的战略机遇期、经济转型关键上升期。改革开放站在一个新的起点上，进入一个升级发展新阶段。肩负开创新时代的历史使命，再造一个“深圳”“香港”，让习近平总书记新时代中国特色社会主义思想在南粤大地落地生根，开花结果，开启新征程历史性飞跃，使大广湾国家级新区成为实现第二个一百年战略目标和中华民族伟大复兴中国梦的领航人。

建设大广海湾国家级新区充分体现了“一带一路”建设规划和粤港澳大湾区城市群规划要求，积极融入“一带一路”建设和积极融入粤港澳大湾区城市群，加强创新合作，构建开放型经济体系，形成陆海内外联动，东西双向互济的开放格局，向欧亚大市场的高标准自由贸易网络，区域经济一体化更高层次、更宽领域发展，在“一带一路”建设中率先实现重点突破，建设海上丝绸之路战略支点和海上丝绸之路试验区，当好排头兵，筑好桥头堡，打造“一带一路”建设先行先试试验区。

建设大广海湾国家级新区充分体现了粤港澳深入融合发展的要求。虽然粤港澳合作工作取得了新的进展，全面准确贯彻了“一国两制”方针，牢牢掌握了宪法和基本法赋予的中央对香港、澳门的全面管制权，深化了与港澳交流合作，保持了香港、澳门繁荣稳定，但是粤港澳间的体制差异明显，观念和利益存在差异，在合作理念上存在分歧，香港的围城心态与经济民粹主义抬头，国家认同感有了新的变化，香港居民的住房、就业存在较大压力和困难。探索粤港澳深度融合发展新路径，寻找融合发展模式的创新途径和突破口，探索实施“飞地模式”，将扩大港澳发展空间，凸显“一国”共同利益，增强“一国”的凝聚力，减少“两制”的差异和摩擦力，加快深度融合发展的进程。

建设大广海湾国家级新区充分体现了促进区域协调发展的战略要求。建立更加有效的区域协调发展新机制，创新引领率先实现珠三角地区优化发展。通过调整珠三角地区生产力空间布局，寻找新的空间承载区，疏解广州、深圳城市功能，破解区域发展不平衡不充分问题，从而带动粤西和西南地区乃至全国经济社会发展，有利于东中西部互动合作，深入推进国际产能合作，加快珠三角地区转型升级，培育区域经济增长新引擎，把中国经济持续向前推进。

建设大广海湾国家级新区有利于发挥华侨华人在“一带一路”建设中的作用，构建海外华侨华人参与国内经济建设新的高地需要。江门号称中国“侨都”，五邑籍旅居海外华侨华人多达 400 万人，与江门现有人口差不多，海内外两个江门聚集华侨华人资源，助力“一带一路”建设，参与“一带一路”沿线国家和地区合作，营造一个更大的发展平台，承接一些大项目、大工程，打造新的对外开放高地。

一、建设粤港澳深度融合发展试验区

江门大广海湾位于江门东南部，东邻中山、珠海，西连阳江，东接港珠澳大桥，南临南海，北接台山、开平广阔的内陆腹地，是临近港澳，珠

江西岸新一轮开发建设的重点区域。区域优势明显，基础设施完备，工业基础较好，文化底蕴深厚，在引领中国特色社会主义新时代、新征程、促进粤港澳融合发展上具有十分重要的地位。做好谋划大广海湾区这篇大文章，再造一个“深圳”“香港”，打造区域新的增长极。

建议按照“共同规划、联合开发”的原则，在大广海湾划出200平方千米土地，作为“飞地模式”，实现香港江门资源整合、利益共享，建设粤港澳深度融合发展试验区。其一是要通过资源的有效配置，推动城市间资源的共享，达到互利互通，来实现湾区内部资源的有效整合。其二是加强经济、社会、体制层面上的融合，尤其是促进珠三角与港澳在社会、体制上的融合问题，需要我们改变思路，建立更紧密的贸易合作伙伴关系，而不单单只是传统意义上的“互利互通”。其三是与港澳之间建立一个共同的劳务市场、房地产市场，享受同样的社保政策，这样港澳居民可以到大广海湾区找工作，购买社保、购买房子，可以解决香港、澳门青年的就业问题。

五邑地区毗邻港澳，有“五个香港人中，一个是江门五邑人”之称。香港繁华的铜锣湾附近，以江门区市和人物命名的街道随处可见，犹如一个“小江门”，人文基础好。江门土地资源比较充足，同时也宜居宜业，电力充足，有丰富的水资源，有好的海岸线，人口密度比较低，未来发展空间比较大。江门有条件在粤港澳大湾区融合发展中实现创新和突破，在“一带一路”的大背景下，以“飞地经济”作为突破点，形成与国际惯例相匹配的营商环境，以体制机制创新为动力，以经济一体化为目标，以货物贸易自由化、服务贸易自由化和投资贸易便利化为主要内容，探索有利于港澳居民在江门就业、生活的制度安排。支持港澳知名大学到江门开展合作办学校、办医院，全方位推进与港澳经济和社会的融合。在粤港澳融合发展中争当“试验田”，创造新经验，提升江门在国家经济发展和对外开放中的地位和功能，推动港澳发展经济、改善民生、推进民主、促进和谐，全力支持香港巩固国际金融、贸易、航运中心的地位，全力支持澳门巩固世界旅游休闲中心的地位，推动金融、商贸、物流、专业服务等向高端高增值方向发展，提升粤港澳区域发展的国际竞争力。

二、建设大广海湾自由贸易港

香港是中国的南大门，是世界著名的自由港市。改革开放以来，内地学习香港，先后设立了经济特区、保税区、出口加工区、保税物流园区、保税港区。党的十九大报告提出："赋予自由贸易试验区更大改革自主权，探索建设自由贸易港。"自由港是独立的国民经济体，是以特殊经济政策和体制开展国际经济活动的开放度最高的特殊经济型贸易港，是全部或绝大多数外国商品可以免税进出的国际港口城市。自由贸易港有全自由港和有限自由港之分，前者对外国商品一律免征关税，后者对绝大多数外国商品不征收关税，只对个别商品征收少量进口税或禁止进口。目前世界上有600多个自由港，自由港已成为主导国际贸易的枢纽、集散地和交易中心。世界著名的自由港有香港、新加坡、亚丁、鹿特丹、汉堡、巴拿马等20多个，建设大广海湾自由贸易港是落实我国进一步扩大开放和提升开放层次的需要，是推进粤港澳融合发展的需要，是建成国际航运物流中心的需要，也是推进东盟自由贸易区的需要。大广海湾具有独特的区位优势、优越的交通条件、良好的开放基础，具备了打造自由贸易港的条件和基础。

自由港的具体模式，根据设立的目的、功能结构的不同，可分为贸易型自由港、工业与贸易结合型自由港、科技型自由港，以及综合自由港。建议大广海湾的远期建设目标可定位为科技与贸易型自由港，即江门科技、贸易和其他第三产业等功能的自由港，并允许和鼓励金融业、旅游业、交通电讯业和科教文卫体事业的发展。这样能够适应粤港澳融合发展需求，适应经济结构调整和国际经济形势变化，可以在各类自由港彼此激烈竞争的情况下，不断创新发展，对毗邻地区乃至全国和世界经济社会发展产生影响。把广海湾建成自由港，建议采取以下措施：一是中央要批准广海湾建立自由贸易港方案；二是从法律上给予保证，由相关立法机构参照国际惯例和不同国家、地区自由港的法律法规，特别是借鉴香港管理经验，制定自由港管理条例；三是在管理体制上进行创新，避免把现有保税区搬入自由港的做法；四是在自由港的规划上，不仅需要建成一个贸易、运输、加工等港口区，而且还要建成国际科技、文化、人才交流理想之地。

探索争创广海湾自由贸易港，要创新国际船舶登记制度、航运业务运作模式、航运金融开放、航运税收政策，以港口为核心争取国家港航服务改革试点，加快复制上海、天津等地国际船舶登记、中资“方便旗”船舶税收优惠、沿海捎带、启运港退税等政策。创新投资管理制度和投资贸易税收政策，扩大服务业和先进制造业对外开放。研究实施个人境外直接投资、开设自由贸易账户等政策，争取国际贸易结算中心试点。完善口岸监管政策，实施“一线放开、二线安全高效管住”的口岸监管方式，创新外商投资和金融等领域风险管理体系。探索高端人才政策创新，实施有利于人才集聚的住房、社保、户籍、个税减免奖励等政策，完善人员出入境政策。

三、建设全国华侨华人产业创新发展示范区

“一带一路”沿线各国特别是东南亚国家是华侨华人的聚集地区，也是华商力量最强的区域，具有比较雄厚的经济金融实力、比较成熟的生产营销网络、比较广泛的政商人脉关系、比较牢固的中华语言文化传播平台，具有融通中外的独特优势，是助力“一带一路”建设的重要力量。在照顾华侨华人所在国舒适度的前提下，要高度重视和充分发掘华侨华人的巨大潜力，发挥华侨华人作为“一带一路”的参与者、建设者和见证者的重要作用。江门是“中国第一侨乡”，祖籍江门的华侨华人和港澳台同胞近400万人。要充分发挥侨乡优势，建设全国华侨华人产业创新发展示范区。

鼓励华商与国内企业在交通运输、港口、产业园区建设等领域强强

合作，借助华商力量实现产业转移和转型升级。发挥华商在船舶、运输、仓储、货运代理以及能源资源开发等领域的优势，借助并支持华商参与一些海上战略支点、重要港口、能源资源开发等重要项目建设。积极支持华文教育体系建设，系统推广中华语言文化，加大支持海外华文媒体力度，充分整合利用其资源和渠道传播中国声音。积极发挥中国侨商投资企业协会的作用，加强与侨团、商会的联系交往，深入挖掘侨资、侨智资源，做好沿线国家重要侨商、新华侨华人和华裔新生代工作。

支持华侨华人产业创新示范区着力转型升级，推动海外华侨华人与祖国经济深度融合发展。研究建立符合广大海外华侨华人意愿和国际通行规则的跨境投资、贸易机制，打造更加国际化、市场化、法治化的公平、统一、高效的营商环境，形成可复制、可推广的经验。大力发展跨境金融、商务会展、资源能源交易、文化创意、旅游休闲、教育培训、医疗服务、信息、海洋等产业，培育富有活力的都市产业体系。依法保障海外华侨华人投资权益，创新侨务工作模式，推动引资、引技、引智有机结合，依法给予海外华人更多出入境便利。创新人才引进机制，对符合来华工作条件的外籍华人，优先办理有关手续。积极推动试验区教育医疗事业发展，为海外华侨华人在教育医疗方面提供便利，确保海外华侨华人依法享受相应的社会保障待遇。

支持华侨华人产业创新示范区搭建海外华侨华人文化交流平台，深化与有关国家（地区）的人文合作。拓展文化传播渠道，不断扩大中华文化的影响力。要以合作、创新和服务为主题，构建面向海外华侨华人的聚集发展创新平台，建设跨境金融服务、国际采购商贸物流、旅游休闲中心和华侨文化交流、对外传播基地。

支持华侨华人产业创新示范区，支持华侨华人产业创新示范区全面深化改革，构建开放型经济新体制。要以全面深化改革为动力，推进体制机制创新，在华侨经济文化合作、营商环境、通关制度、社会管理、土地管理、海域使用和投融资等方面创新体制机制。推进国际贸易与投资便利化，进一步研究放宽外商投资市场准入，推进金融、教育、文化、医疗等服务业领域有序开放，积极创新利用外资管理体制。

第二节　建设国际金融创新中心

以深圳福田中心区及益田路两侧金融富集资源为基础，高标准打造深圳金融街和金融核心商务区，在深圳金融街建设国际金融创新中心，不断满足金融发展的多种功能需求。发挥区域金融优势，设立深圳保险资产交易所，打造前海国家保险创新中心和南沙国家金融后台服务中心。规划建设国家数字金库。建立大湾区融合发展资金保障机制，设立粤港澳大湾区融合发展投资基金。

一、建议组建深圳保险租赁资产交易所

过去 30 年，深圳凭借全国经济特区和计划单列市的地位，获得了飞速发展，成为能与京、津、沪、穗等比肩的全国第一方阵城市。下一个 30 年，深圳必须加快建设自主创新试验区，促进产业结构向高端化发展，形成与国际产业互动、与国家战略新兴产业紧密关联、引领大湾区产业发展的城市产业体系，发展现代金融业是重要支撑，抓住有利时机，打造世界性区域金融中心。

改革开放 30 多年来，中国保险业发展迅猛，目前保险公司近 200 家，保险经纪公司 400 多家，再保险公司 7 家。但保险资产交易业务基本没有形成市场，中国保险业发展这一短板，应该是中国保险市场未来巨大的发展潜力所在。保险资产要素的活跃流动将极大地推动中国保险业资产结构的调整优化；提升保险资产的运用效率，为保险公司及广大的被保险人提供了可靠的保险资产交易平台；同时将极大地提高保险公司发展业务与被保险人的投保积极性，降低保险公司的经营风险。2016 年全行业共实现原保费收入 3.1 万亿元人民币，保险总资产 15.1 万亿元人民币。按 20%的保费收入年均交易 4 次计算，年交易额为 2.4

万亿元人民币。如果按20%的保险总资产年均公开4次交易计算，交易额将达到12万亿人民币。按0.5%的比例交易双方双向收取交易手续费，将收入240亿元—1200亿元人民币。公司净利润将在120亿元—600亿元人民币。超过深圳GDP，有可能很快超过全国目前年保费收入增量。

中国的租赁业（金融租赁、融资租赁）起步迟，发展快。2017年一季度融资租赁合同余额5.54万亿元人民币，但中国租赁业面临融资难的瓶颈与挑战，目前全国注册的7626家租赁企业空置率近7成。根本问题是租赁资产要素市场不发达，租赁业务基本上一次性投资，没有市场交易，没有大额资本进入，只有卖家，没有买家。为此，组建有强大融资功能，能提供巨额资本，活跃租赁要素交易市场的租赁资产交易所是拯救大批租赁企业，再创中国租赁行业辉煌的紧迫之举。就租赁资产交易所而言，在活跃租赁市场，促进经济发展的同时也能获得稳定丰厚的交易手续费收入。

建议由政府牵头先行组建深圳创新金融控股集团，并以此为契机，在前海自贸区分步设立深圳保险资产交易所股份有限公司、深圳前海租赁资产交易所股份有限公司、深圳科技成果交易所股份有限公司等金融机构，发挥现代金融在促进创新科技发展，促进科技成果转换、保险、租赁资产等重要生产要素流动，推动粤港澳在融合发展方面发挥积极推动作用，加快落实粤港澳大湾区融合发展规划确定的战略任务。

设立深圳租赁资产交易所。由创新金融控股集团投资150亿元资本金，按资本杠杆率原理最少可完成1200亿—1500亿元的年租赁资产交易额。这样将极大地活跃深圳乃至全国的租赁市场，促进租赁业务的快速增长进而推动创新科技产业、先进制造业、现代航空、物流等产业的发展，尽快缩短中国租赁业与发达国家租赁业在社会总投资占比方面的差距。

在保险资产、租赁资产交易所股份有限公司、粤港澳大湾区创新科技成果交易所股份有限公司成功运行、稳健发展的基础上，再选择其他好的投资领域投资，逐步形成具有横跨粤港澳功能的大型创新金融控股集团。

保险资产交易所、租赁资产交易所的股东结构中，将考虑选择大、中型保险公司、大型租赁公司再保险公司入股，并选择一家大型互联网企业加入，利用“互联网＋保险资产交易＋租赁资产交易”，形成独特的产业竞争优势。

二、建设国家数字金库

进一步巩固好、发挥好、发展好香港国际金融中心地位，发挥粤港澳各自金融优势，应明确各自定位，探索经济新常态下粤港澳金融业的良性互动发展，全方位深化粤港澳在金融业务、机构、人才等领域的合作，加强粤港澳在跨境金融业务创新、金融产品互认买卖和金融从业资格互认，以及“深港通”、保险市场互联互通等领域的合作，在本外币、境内外、在岸、离岸市场之间加强对接合作，支持粤港澳金融业融合发展。研究建设深圳在岸人民币数据中心与香港离岸人民币中心紧密结合、后台业务与前台业务有效衔接，研究建立国家数字金库，实现香港与深圳金融业创新发展、错位发展、绿色发展。发挥区域金融优势，打造国家金融后台服务中心。

第三节　推进粤港澳教育互动发展

加强粤港澳政府间合作，应建立健全教育合作交流的协调实施机制，消除合作过程中的法律政策障碍，提升协调实施机构的规划引导和监督仲裁功能。实行强化国民教育，培育爱国情操工程，加强“去殖民化”的工作，实现“文化认同，人心回归”。

一、设立粤港澳教育合作特区

粤港澳属于不同的经济体和行政辖区，其教育体制及政策均存在较大差异。该区域整体教育合作仍处于初期阶段,可以在一定范围内设立教育合作特区,在政策层面上对粤港澳教育合作进行创新性的、突破性的制度安排,以消除该区域教育合作的制度约束。作为教育合作制度创新的先导区,教育合作特区可设立在广东省境内比较开放、发达的地区,如江门、珠海等城市。教育特区内允许港澳乃至外国高校在遵守中国国家宪法的前提下,按"校本教育"模式独立办学,实行特区管理,给予办学自主权,鼓励引进国际先进的教育理念和科研成果,力争创办亚洲乃至世界一流的学校。

二、设立科学研究合作机构

创建粤港澳高校联合创新平台。粤港澳均有建立科技创新平台的需求,香港空心经济缺乏战略性纵深,需要广东在第一产业和第二产业进行支持配合;而广东三次产业存在技术层次偏低、科技含量有待提升的弱点;澳门虽具全开放的优势,但整体教育水平有待于提高,缺乏高科技主导产业引领。设立科学研究合作机构,开展包括联合创建国际性高水平实验室、联合成立高端工程技术研发中心、联合创建科技产业创新园区等高科技研发项目,促进粤港澳相互合作,达到资源共享、优势互补,推动国际名校以及高端科技创新的建设。

三、扩大职业教育合作范围

香港与澳门教育国际化水平高,教育与产业需求的互动联系紧密。鼓励香港与澳门有关机构利用其资金和专业技术,在广东全境开展各类职业培训和技术培训合作,推动区域高层次职业技术教育的合作与发展,提高在能源、海洋、热带农业、汽车制造、工程、电子信息方面的合作力度,不断开拓新工种和新职业。

四、成立教育领导协调机构

协调粤港澳教育发展和合作中的重大问题,制定《粤港澳教育发展与合作中长期规划》,明确未来教育合作的发展方向,增强合作的可操作性。尽快实现教师"资历互认",制定跨境受聘政策,推动教师双向"跨境受聘"。加快解决中小学生跨境就学问题,可在广东江门、珠海建设港人子弟学校,为港人子弟提供部分学位,开办"港人子弟班",提供全港式教育。港区政府对可享受香港教育福利的学生采取学券方式提供援助,广东利用收取港区政府提供的学券建立奖学基金,资助学生去香港交流学习。

第四节　打造岭南文化合作平台

粤港澳人缘相亲、习俗相同、语言相通、文化相融,这是湾区固有的先天优势,在海外华侨华人中具有广泛而深刻的影响。广府文化、潮汕文化、客家文化都以其独特的魅力,凝聚、维系着华侨华人的乡情亲情。挖掘传统文化的当代价值,搭建"岭南文化"这个合作平台对于湾区发展、"一带一路"建设将会产生很大的"软实力"作用,值得深入研究探讨。

一、挖掘创新"岭南文化"传承体系

开展粤港澳"岭南文化"发掘、研究的交流与合作,丰富"岭南文化"内涵,增强"岭南文化"在海外的辐射影响力。深化岭南文化传承创新体系,以地域特色鲜明的建筑、方言、饮食、民俗、音乐、画派、节事、演艺等为重点,挖掘传统文化的当代价值,充分展现岭南独特的生活方式、民俗风情以及价值观念和审美情趣。推动"岭南文化"与旅游、商业、传统产业等融合发展,实现"岭南文化+资本"的核变效应,增强岭南文化的价值转化效应。利用港澳国际化平台,通过输出作品和引进人才,提升"岭南文化"的竞争力和国际影响力,开创粤港澳文化合作与建设的新局面。大力推进"岭南文化"数字化平台建设,依托数字技术进行文化遗产的转换和整合,真实完整地传承岭南文化。

二、加快构建"岭南文化"人才体系

坚持人才工作理念创新、手段创新、体制机制创新,优化人才培养

模式，加大人才扶持推介力度，构筑人才发展新优势，努力打造岭南文化人才高地，着力培育“岭南文化”当代名家大师。充分发挥岭南建筑、岭南画派、戏曲音乐、工艺美术等文化资源优势，重点培育岭南戏曲名家、工艺美术大师、音乐名家和民间文化技艺大师等广东特色文化名家。注重对“德艺双馨”岭南文艺人才的培养，共同培养文化艺术创作、经营和管理人才。面向国内和国外两个人才市场，将个体引进和团队引进相结合，全职引进和柔性引进相结合，通过岗位聘用、项目签约、人才租赁和项目合作等多种方式引进人才，特别是引进一批影视、舞台艺术创作生产急需的编剧、导演、市场营销、新媒体运营等人才，提升文艺人才队伍整体水平。以“岭南文化”为主题，实施“文艺名家造就计划”，建设“文艺粤军”“理论粤军”，建设“岭南文化”新高地。推荐申报国家人才工程和承担重大项目，扶持举办研讨会、设立名家工作室；制作名家系列专题片，发挥领军人才的示范作用。努力营造有利于优秀人才健康成长、脱颖而出的良好环境，让各类文化人才竞相涌现、创造活力充分发挥，形成以文化繁荣吸引凝聚人才，以人才辈出推动岭南特色文化强市建设。

三、创新粤港澳文化交流合作体制机制

建立文化理论合作研究平台，为推动粤港澳文化共同繁荣提供支撑。研究、解读粤港澳现有文化政策，结合文化产业现状及发展寻求政策支持；积极开展粤港澳文化产业合作的咨询服务。对岭南文化的发掘、研究、弘扬等重大问题进行调研、论证。加强在粤的港澳企业作品申报体系建设，完善知识产权保护制度，营造健康有序的市场环境，推动共赢和可持续发展。

第五节　打造多港联动的国际航运中心

建立大湾区港口联盟，充分发挥多港联动效应，携手共建辐射全球

的航运中心，建设国际物流大通道。

一、着力对接海上丝绸之路战略

《推动共建丝绸之路经济带和21世纪海上丝绸之路的愿景与行动》(以下简称为《愿景与行动》)明确界定了“21世纪海上丝绸之路”的重点方向是从中国沿海港口过南海到印度洋，延伸至欧洲；从中国沿海港口过南海到南太平洋。这些通道都离不开现代化港口的支持，建设一条通畅、安全和高效的运输大通道，关键在于能否建立起高效便捷的港口网络。因此，与海上丝绸之路沿线港口逐渐形成合作联盟，是我国推进“21世纪海上丝绸之路”建设的有力抓手。《愿景与行动》也突出强调要重点加强广州、深圳、湛江、汕头等沿海城市港口建设，加强与海上丝绸之路沿线国家的港口对接与合作，优化配置航运资源，共同提升海上丝绸之路航运线路的整体竞争力。

二、建立内外互动的港口联盟

重点是以粤港澳大湾区现有的港口为依托，构建珠江西江—沿海港口省内联盟和粤港澳—海上丝绸之路沿线港口国际联盟两个层次的港口联盟。珠江西江—沿海港口联盟的重点是推进西江流域港口合作和一体化进程，优化配置广东沿海港口资源，以湛江港、汕头港作为东西两翼的战略支点，合理调度，专业化分工，与珠江口港口群形成整体，打造航线密布，优势互补，港口码头、岸线资源合理利用的沿海港口带。粤港澳—海上丝绸之路沿线港口国际联盟是以港口为纽带，把广东沿江沿海港口与海上丝绸之路沿线30多个重要港口串联起来，以投资合作、业务拓展、互相参股、园区共建等多种方式，共同推进建立统一的全程运输协调机制，促进国际通关、换装、多式联运有机衔接，逐步形成兼容规范的运输规则，实现国际运输便利化，推动口岸基础设施建设，畅通陆水联运通道，增加海上航线和班次覆盖，加强海上物流信息化合作等，形成相对统一的港口建设和运营规制，信息共享、利益共沾的联盟合作体，打造形成多港联动的国际航运中心，共同提升国际贸易的航运竞争力，以及粤港澳大湾区在“一带一路”特别是“21世纪海上丝绸之路”沿线国家中的影响力。

三、拓展多种合作模式

通过共同出资建设，推动粤港澳大湾区与海上丝绸之路沿线港口的合作。从加快运输目的出发，共同筹资，设立船舶供求信息系统和调度指挥中心，收集和发布供求预期信息，调度船舶完成定期运输等。从海洋公共安全运输出发，共同筹资，设立海事安全监控信息系统和救援机构，预报海洋天气、自然灾害信息，设置航空、航海救援工具，抢救遇险船舶和人员等。开展业务联盟合作，推动沿线港口之间的合作，加强双方在仓储、装卸、通关、航线建设等方面的业务合作，从均衡运力、高效装卸的要求出发，统一未来运输规模、入港船型预测，统一升级改造码头、航道，统一设置中心调度控制指挥系统、码头作业自动化控制系统以及船运、货运信息系统，统一港口运输分工。从配合港口按时、保质、保鲜运输要求出发，共同建立集装箱、散货、旅游公共运输船队，保证服务定期直航航线航班。拓展企业参股合作，推动与沿线的港口企业之间进行资本化合作，互相参股，共同形成利益共同体。鼓励支持各国企业间以经济为纽带进行多种方式的合作，如相互参股融资、联合建设码头、联合开辟班轮航线、相互设置服务代理机构、码头租赁经营等。采取切实措施，降低港口与物流企业在海上丝绸之路国家投资与发展的门槛，共同培育与产业需求配套的物流服务形态，建设具备国际化、规模化、专业化、社会化、信息化特色的现代港口与物流企业群体。共同打造园区共建合作，推动与沿线港口之间拓展产业合作内容，共同建设临港工业园区、物流园区等产业园区。既可在我国沿海港口城市规划建设双边、多边合作的产业园区，也可支持有条件的企业在海上丝绸之路沿线国家（地区）投资建立境外经贸合作区、创办开发区。

第六节　打造区域性国际航空枢纽

完善改造广州白云机场，新建深圳第二机场和湛江（茂名）机场，建设云浮、汕尾、阳江、河源、韶关、怀集、连州等一批支线机场。规划建设大湾区国际货运物流机场。

一、加快推进粤港航空合作

目前，香港因为土地资源稀缺和人力成本高企，转口贸易、过境物流等业务有“离港”，广州、深圳等可积极承接香港相关产业的战略性转移，将香港机场的航空货运商扩大或现有业务迁移，利用自贸区政策、口岸便捷和跨海大桥等综合优势弥补其在距离增加、时间损失方面的劣势。同时，利用广州、深圳等机场的国内航线和日渐改善的陆路交通，拓展香港机场对内地二三线城市航空货源地的辐射能力，同时也配合日渐兴起的跨境电商，利用航空货运便捷通道转运境外货物到消费地。

二、建设国际性公务机运营中心

作为重要的国际金融和商业中心的香港，提供完备的公务机保障服务是香港机场必备的功能，但这势必会占用本已捉襟见肘的空域和时刻资源，制约了机场商业运输能力的提升。跨海大桥的通车使香港机场公务机业务的转移成为可行，共同打造旨在服务粤港澳、辐射东南亚、直连欧美澳的国际性公务机运营中心。充分利用珠三角机场的空域、时刻、机坪、维保等优势，再通过接驳直升机为高端商务旅客提供“门到门”的私人定制式粤港澳往返全球各地的奢华、私密、快捷的出行解决方案。另外，广州及珠三角现有的公务机制造、销售、维护、租赁等业务也可借此实现产业链打通，最终达成粤港澳互惠、合作共赢。

第七节　建设国际物流大通道

加强国际航运服务功能建设，增加广州、深圳至"一带一路"沿线国家的国际航线和航班，开通与沿线国家主要城市的航班，打造"空中丝绸之路"。

一、建立粤港澳海空港联动机制

加快建设"21世纪海上丝绸之路"物流枢纽，探索具有国际竞争力的航运发展制度和协同运作模式。探索与港澳在货运代理和货物运输等方面的规范和标准对接，推动港澳国际航运高端产业向内地延伸和拓展。积极发展国际船舶运输、国际船舶管理、国际船员服务、国际航运经纪等产业，支持港澳投资国际远洋、国际航空运输服务。建设航运交易信息平台，发展航运电子商务、支付结算等业务，推进组建专业化地方法人航运保险机构，允许境内外保险公司和保险经纪公司等服务中介设立营业机构并开展航运保险业务，探索航运运价指数场外衍生品开发与交易业务。

二、构建大通关模式

深化港口、机场、高速公路、高速铁路和信息国际合作，打造国际航运枢纽和国际航空门户，面向沿线国家，构筑联通内外、便捷高效的海陆空综合运输大通道。加快海港、空港、城际轨道建设，以"空铁联运""空港+海港"联动为牵引，依托白云机场、深圳机场、广州北站、黄埔港、南沙港等交通枢纽，采取有效的手段，使口岸物流、单证流、资金流、信息流等高效、顺畅地运转，减少审批程序和办事环节，口岸各方建立快捷有效的协调机制，实现资源共享，通过实施科学、高效地监管，推行国际贸易"单一窗口"、推动口岸管理"三个互"（信息互换、监管互认、执法互助），以达到口岸通关效率的大幅度提高，真正实现"快进快出"，有效推进大通关模式运作。

三、加快发展多式联运

紧紧抓住珠三角区域高铁快速发展的历史机遇，构建以高速铁路为基础的综合交通网、特色产业带、生态旅游带、新型城镇带。推进跨省铁路、公路和港口等重大基础设施统筹规划布局与协同建设，推动区域内公路、铁路、水路、航空等基础设施实现“无缝链接”，深化沿海港口与内陆省之间的物流供应链协作，推进内陆与沿海省区口岸通关协作，支持跨省区“陆地港”“飞地港”建设，支持内陆城市增开国际客货运航线，发展江海联运，以及铁水、陆航等多式联运，形成横贯东中西、联结南北方的对外经济走廊。

第八节　尽快解决珠江口两岸交通瓶颈

目前，珠江口两岸交通瓶颈是大湾区的一个交通短板，造成珠江口两岸交通不畅的问题，直接影响粤西地区经济社会发展。现在虎门大桥是珠江口沟通东西两岸的唯一通道，虎门大桥承载车流量远远超过设计流量，造成虎门大桥出现严重拥堵情况并且日趋严重。加之粤西地区道路路网密度低、堵点众多、道路不畅的情况十分严重，尤其是节假日，珠江口西岸的拥堵尤其突出。珠江口西部地区由于交通落后局面的掣肘，其经济发展水平与珠江口东部交通发达的深圳、东莞等地相比有明显差距。鉴于此，必须改变珠三角西部地区的交通面貌，解决大湾区的交通瓶颈迫在眉睫。推进粤港澳大湾区建设，要把解决珠江口两岸的交通瓶颈作为重中之重，以满足大湾区城市群发展特别是粤西地区振兴发展的需要。

加快建设珠江三角洲至西部地区的铁路，打通南北新通道，推进琼州海峡跨海通道、湛江铁路扩能，建设深圳至赣州、韶关至柳州等铁路项目开工建设，推进深茂铁路、赣深客专、广汕客专等珠三角经粤东西北至周边省(区)高快速铁路通道建设,基本形成东联海峡西岸、沟通长三角地区,西通桂黔、辐射大西南地区,北达湘赣、连接中原地区的高快速铁路网络骨架。

加快高速铁路网建设,推进珠三角地区城际轨道交通建设,推进沿海客专以及深惠、深莞、深珠城际轨道等建设,建设广深港客专深圳福田至香港段、穗莞深城际轨道,努力建设综合性铁路枢纽。

第九节　打造世界性开放平台

当今,世界经济增长格局出现新变化。国际金融危机改变了世界经济格局,经济呈全球化、多极化趋势不可逆转;新兴经济体保持快速增长趋势,在全球经济治理中发挥着重要的作用;以中国为代表的新兴经济体成为世界经济增长新引擎;国际贸易投资领域出现竞争加剧新趋势。中国必须着眼于国际规则和全球治理的最新发展趋势,在深化国内改革的基础上,加快完成更高标准的自由贸易区战略布局,在世界经济规则的重构中提出新的战略议程,增强中国在国际经济治理中的话语权。中国急需打造全新的,能够引领、带动中国国民经济快速健康发展和在国际上起到重大引领作用的、新型的核心区域经济发动机。粤港澳大湾区无疑要承担这样的历史使命。粤港澳大湾区融合发展规划,要实现大湾区这一历史重任,必须搞好顶层设计,对现有的制度、体制、机制进行一系列改革,把香港自由港的政策扩展到整个大湾区,实现人员、资金、商品、信息等各种生产要素的自由流动和最优组合,发挥大湾区内部高效的资源配置。香港作为现成的国际化金融中心、贸易中心,其在大湾区内甚至国内的价值和作用远没有发挥到位,急需通过大湾区融合释放香港的巨大潜力,深圳以及大湾区其他城市已经具备了与港澳实施大融合的条件,大湾区大融合将对中国经济产生巨大的引领作用,引领经济全球化,书写世界投资贸易规则。

第十节　建立中央政府主导下协商机制

粤港澳大湾区虽然地理上一衣带水，但内部的经济体制却十分复杂，既有“一国两制”方针下的香港和澳门两个特别行政区和自由港；又有深圳、珠海两个经济特区；还有南沙、前海蛇口和横琴三个自由贸易试验区。由此形成了包括特别行政区和自由港、经济特区、自由贸易试验区等多重经济体的体制叠加局面。加强重大合作事项的决策、推动和协调，及时协调解决粤港澳市场监管合作中遇到的深层次矛盾和问题，形成优势互补、合力推进，最大限度地释放大湾区经济的集聚与辐射效应。在中央层面建立协调管理机制，统筹协调大湾区建设中各方的发展的诉求，分工合作，协同推进。

参考文献

[1] 广东省人民政府. 广东省战略性新兴产业发展"十三五"规划.（2017-08-17）[2018-04-09]. http://zwgk.gd.gov.cn/006939748/201709/t20170906_721337.html.

[2] 广东省人民政府. 广东省人民政府关于印发广东省沿海经济带综合发展规划（2017—2030）.（2017-10-27）[2018-04-09]. http://zwgk.gd.gov.cn/006939748/201712/t20171205_733883.html.

[3] 广州市人民政府. 广州市人民政府关于印发广州市国民经济和社会发展第十三个五年规划纲要（2016—2020年）的通知.（2016-03-28）[2018-04-09]. http://www.gz.gov.cn/gzplanjg/fzgh/201603/daf192f4909f41438a2a22e0c5f02cfe.shtml.

[4] 劳铖强. 粤港澳大湾区发展思路探讨.《开放导报》，2017（06）.

[5] 林贡钦，徐广林. 国际著名湾区发展经验及对我国的启示.《深圳大学学报》，2017，34（5）.

[6] 李晓莉，申明浩. 新一轮对外开放背景下粤港澳大湾区发展战略和建设路径探讨.《国际经贸探索》，2017（09）.

[7] 汤贞敏. 创新驱动粤港澳大湾区发展的若干思考.《广东经济》，2017（11）.

[8] 王旭阳,黄征学. 湾区发展:全球经验及对我国的建议. 经济研究参考,2017(24).

[9] 袁宏舟. 浅析香港在粤港澳大湾区建设中的作用.《宏观经济管理》,2018(02).

[10] 叶继涛. 大湾区经济时代即将来临.《上海证券报》,2018-03-23.